名师名校名校长

凝聚名师共识
回应名师关怀
打造名师品牌
培育名师群体

从对接到融合

职业教育校企合作产教融合的实践与探索

冯子川◇著

中国出版集团　现代出版社

图书在版编目（CIP）数据

从对接到融合：职业教育校企合作产教融合的实践
与探索 / 冯子川著. — 北京：现代出版社，2022.12

ISBN 978-7-5231-0182-7

Ⅰ.①从… Ⅱ.①冯… Ⅲ.①职业教育—产学合作—
研究—中国 Ⅳ.①G719.2

中国版本图书馆CIP数据核字（2022）第256080号

从对接到融合：职业教育校企合作产教融合的实践与探索

作　　者	冯子川
责任编辑	王志标
出版发行	现代出版社
地　　址	北京市安定门外安华里504号
邮政编码	100011
电　　话	010-64267325　64245264
网　　址	www.1980xd.com
印　　制	北京政采印刷服务有限公司
开　　本	710mm×1000mm　1/16
印　　张	10.75
字　　数	172千字
版　　次	2022年12月第1版　　2022年12月第1次印刷
书　　号	ISBN 978-7-5231-0182-7
定　　价	58.00元

目录

第一章　对接产业，校企合作

专业对接产业链，教育对接价值链 ………………………………2

"专业对接产业链"服装专业人才培养模式的改革与实践 ………… 11

专业对接产业链，建设高水平服装实训基地 ……………… 14

积极探索中职教育多元化合作办学模式 ……………… 20

建设高水平实训基地，提高中职学校教育质量 ……………… 26

专业对接产业链，促进国家中等职业教育改革发展示范学校建设 … 35

"产教融合，双元育人"的探索与实践 ……………… 43

第二章　信息融合，教育赋能

信息化条件下中职专业课工作室课堂模式的教学改革 …………… 54

基于B/S结构校企合作资源平台的设计与实现 ……………… 59

利用ASP技术，开发网上多媒体交互教学系统 ……………… 72

构筑教学开放模式，提高学生素质和能力 ……………… 78

项目训练教学法在职中计算机教学中的应用 ……………… 86

第三章　服务产业，创新发展

服务当地经济，创新职教发展道路 ……………… 90

服务于新型专业镇发展的现代学徒制本土化研究 ……………… 95

模块推进，多元发展，整体优化 ……………… 101

抓精细化管理，创高品质职校 ………………………………… 107

立足学生"内和谐"，加快职业学校教学改革 ………………… 113

第四章　他山之石，学习借鉴

新西兰职业教育发展模式研究 ………………………………… 124

以无界合作，创有为文化 ……………………………………… 134

基于IMI项目的中英合作现代学徒制试点的探索与实践 ……… 141

从天津"工学结合"职业教育模式看中山市职教改革 ………… 149

第五章　以生为本，圆梦职教

谈中职学生的"三要"教育 …………………………………… 158

我的职教梦 ……………………………………………………… 161

第一章

对接产业，校企合作

专业对接产业链，教育对接价值链

一、"专业对接产业链"人才培养模式的内涵

中山市沙溪理工学校（以下简称"沙溪理工"）所在的中山市沙溪镇产业链完整，涵盖服装设计、工艺制作、生产管理、质量检测、产品发布、陈列展示、营销物流和电子商务等环节。我校紧紧依托和服务当地产业，形成了"专业对接产业链"人才培养模式，即专业教学对接产业链、实训基地（中心）对接产业链、专业拓展对接产业链。

"专业对接产业链"人才培养模式在专业建设和教学改革中的具体做法如下。

（一）专业教学对接产业链，促使教学改革全方位推进

把课堂搬进车间，学生上课就是上岗，改革传统的教学模式，推进全方位教学改革。

教学模式方面，引企进校，校企合作共建工作室或生产性实训车间，把课堂搬进工作室或生产车间，让教学在完成真实的项目任务中开展，专业教师与企业技师共同制订和实施教学计划。

教学内容方面，以生产流程为主导定制模块式课程，涵盖设计、制作、质检、展示、陈列、营销、管理等环节，在全国中职领域首创纺织品检测专业，引入三维人体测量、单量单裁自动裁剪等项目教学，建成服装立体裁剪等6门核心课程，编写《服装立体造型》等13本教材，其中《工艺基础》《女装结构设计与立体造型》2本教材被评为国家改革创新示范教材。

教学方法方面，以企业生产任务为教学和实训项目，开展产学研一体化实训，实行项目教学、仿真教学、一体化教学，让学生在真实的工厂和车间环境里"做中学"。

教学手段方面，加快建设教学资源库及信息化平台，共享教学实训案例，让师生随时随地调用丰富的教学资源来辅助教学。

教学评价方面，邀请企业技师参与评价教学效果，结合市场改进学生作品，将作品转化为产品，产品转化为商品。

（二）把企业引进学校，实训基地（中心）对接产业链，增强企业对专业人才的依存度

把企业生产线引进学校，校企合作共建工作室或生产性实训车间，并按生产流程和岗位要求来配置设施设备，在考虑到企业生产要求的同时，也要考虑教学实训的需求。如我校近年引进的婚纱晚礼服生产线等就具有以上特点。通过引企进校，实现了校企深度合作和工学零距离，培养出了技能过硬的学生，增强了企业对学校专业人才的依存度。

（三）专业设置和专业拓展对接产业链，办有吸引力和生命力的专业

服装产业链中有设计、生产、检测、营销等各个环节，为此，我校服装专业对应开设了服装设计、服装制版、服装工艺、生产管理、服装陈列与展示、服装电子商务等专业或专门化方向，还依托服装检测中心开设了服装检测专业。总之，专业设置和专业拓展紧紧对接产业的发展与需求，动态调整专业发展方向，改造老旧专业，新增新兴专业，办有吸引力和生命力的服装专业。

除了服装专业，我校还办有工艺美术、计算机、财经和汽车维修专业。在校企合作上，我们尽可能地进行专业间的资源整合，如让服装专业与计算机专业合作开展电子商务专业实训和校企合作，引入中山网商联盟开展校企合作；工艺美术专业与计算机专业合作开展动漫设计专业和实训，与省工艺美术协会等行业协会及中山市恒辉印花有限公司等10多家企业开展合作；汽车专业也引进了一个二类企业，在校内开展整车维修、钣喷等一体化实训。

五个专业间的利益相连，互相合作，共同发展。

在"专业对接产业链"这一创新人才培养模式的统领下，我们在以下几个方面取得重大突破。

1. 作品转化为商品，教学改革取得新突破

引企进校，推行专业课项目教学，专业教师与企业技师共同参与对学生的指导和培养，学生在真实的企业生产环境里"做中学""学中做"，教学在完成真实产品开发或生产中开展，学生作品转化为企业产品，企业产品再转化为市场商品。同时，将生产性实训教学的课程录制成教学视频，上传至学校教学资源库平台，让师生可随时调用丰富的教学资源来辅助教学。至此，在课程、内容、方法、手段、评价上突破传统的教学模式，实现了"作品—商品"的转化，取得了具有我校特色的职教教学改革新突破。工学全面对接，达到校企共育人才的目的。

2. 把名师引进学校，建立名师工作室，引领专业发展

我校聘请了中国服装设计师协会副主席张肇达、清华大学美术学院染服系主任肖文陵、全国十佳服装设计师董怀光等20多位全国知名服装设计师、专家学者和企业生产技术管理人员组成服装专业建设指导委员会，建立名师工作室，开设"名师讲堂"，接受名师指导，引领专业发展。

3. 专业教师到企业实践，企业技师做学校兼职教师，打造专兼职教师队伍

学校十分重视专业教师的培养，制定了专业教师到企业参加生产实践的管理制度，规定专业教师每年到企业参加生产实践或挂职锻炼的时间不少于1个月。实践的形式主要有两种：一是脱产下企业实践，二是在校内工作室或生产性实训车间中带项目。同时，制定了专业教师到企业实践的管理、考核和激励等相应的制度，促进了专业教师成长，使专业教师真正做到"拿起书本能讲，挽起袖子能干"。专业教师到企业实践，企业技师做学校兼职教师，打造了一支专兼职双师素质专业教师队伍。

4. 把行业协会引进学校，指导专业建设

中山市服装设计师协会是由我校发起成立的，现挂靠在我校，有近400名服装设计师会员。协会每年都要组织设计师在企业或学校举办产品发布与展示、服装新技术新设备推广交流等活动，为服装专业师生提供了很好的学习机会。同时，协会很多会员都被学校聘为专业建设指导专家或兼职教师，指导学生的专业发展。

5. 与科研院所和行业、企业开展产学研合作，让专业与产业企业深度融合

近年来，我校通过承办的研发中心、设计师协会、检测中心等产学研合作平台，先后与60多家科研院所和行业、企业开展产学研合作，为服装行业、企业提供新产品设计开发、精益生产、服装检测、电子商务和人才培训等服务，全方位推进专业对接产业链，让专业与产业企业深度融合。如学校与中纺标检验认证股份有限公司合作建设的中纺标CTTC中山服装检测中心，为中山市及周边区域纺织服装企业提供便捷的纺织服装产品检测和认证服务，并为行业、企业提供国家检测标准的解读和培训。

6. 承办行业发展高峰论坛和服装设计大赛，增强专业对行业、企业的影响力

我校积极承办行业产业发展系列论坛活动，相继举办了2009年广东服装行业产学研研讨会和"东方儿女杯"休闲服装设计大赛、2010年"天竹杯"服装设计大赛及服装产业高峰论坛、2011年广东职业教育与产业发展对接暨与粤港澳服装业对话论坛、2012年"百利达杯"服装设计大赛及服装产业高峰论坛、2013年第九届天竹联盟代表大会暨"天竹杯"全国服装设计大赛、2014年"深化产教融合，促进校企合作"论坛。通过举办行业服装设计大赛及服装产业高峰论坛，增强专业对行业、企业的影响力。

7. 与高校合作建立纺织服装学院，提升专业人才培养层次

作为中国休闲服装名镇，沙溪及周边区域服装产业发展对技能人才的要求越来越高，学校在2012年12月与中山职业技术学院签订合作协议，共同建立沙溪纺织服装学院，为区域服装产业培养服装高技能人才。

二、"教育对接价值链"育人模式的内涵及实践

如果说职业教育是培养应用型技能人才的话，我们认为，人才的职业操守更为重要。为此，我们提出"教育对接价值链"的文化育人理念，其具体内容是：教育目标对接价值链，教育过程对接价值链，教育效果对接价值链。我们的具体做法如下。

（一）教育目标对接价值链，以精神引领幸福职教文化理念

教育的本质就是育人，是实现人的个人价值和社会价值。因此，我们提出并践行"让学生学会做人，学好技能，为学生幸福而有意义的一生打下良好基础"的办学理念，提炼出"自强不息，和谐发展"的校训，"求真、务实、崇善、尚美、博爱、和谐"的校风，"乐于学习，精于技艺，勤于思考，重于实践"的学风，"德能兼备，爱生敬业"的教风，形成"沙溪理工人精神"的文化精髓，最终凝聚成全校师生的精神共识——打造幸福的职教文化。我们致力于将学生培养成为文化优、技能精、理想高、品行好、自强自信、积极向上的青少年，让他们今后能够靠高超的技能去创造幸福的生活，靠良好的品德去赢得社会的尊重。

（二）教育过程对接价值链，多维度打造幸福职教文化阵地

我们从"立人文之本、承产业之基、聚专家之才、激师生之智、筑幸福之源"五个维度着手，构建让学生有自豪感、自信心，能够实现自我价值的平台，营造文化育人的良好环境，让学生在幸福的环境中学习、生活。在教学过程中，我们构建高品位的校园文化系统，为学生打造了一个成就梦想、实现价值的成长平台。具体措施从以下几个方面入手。

（1）针对人文教育，我们将共性文化教育与个性文化教育结合，针对中职生的年龄特点和心理特点设置课程。在共性文化教育方面，开设女生课、电影课、心理课、国学课、职业生涯规划课等，帮助学生树立积极的人生观和价值观，厘清发展方向。同时，根据学生个性差异，大力发展社团文化、各专业兴趣学习小组等，发挥学生的优势、特点，推动学校的素质文化

教育。

（2）针对产业特点，我们以产业作为专业的基础，提出各具特色的专业文化，并提炼出各专业文化理念的精髓，大力营造"美的事业，时尚人生"的服装专业文化、"创新动力，品质生活"的汽车专业文化、"诚信为本，精准理财"的财经专业文化、"设计生活，陶冶思想"的工美专业文化、"分享信息，畅想世界"的计算机专业文化等。

（3）针对校园环境，我们建设了校园文化公园、学校电视台、省一级档案室、独立的图书馆、校企合作展厅、陶艺馆等功能场室，还建有现代化的服装实训基地、高科技的纺织品检测中心、高质量的研发中心、时尚潮流的名师工作室、蓄势待发的创意设计园等多个物质文化场所，优化、美化学校环境，给学生提供了一个环境优雅、内涵丰富的学习场所。

（三）教育效果对接价值链，为学生的幸福人生奠定良好基础

在校园文化建设的带动下，学校价值与学生价值不断提升。建校20年来，沙溪理工已经为社会培养了3万多名中高级技术技能人才和管理人才。他们中既有全国劳动模范、中国好人、中山市十杰市民、优秀村干部，又有广东十佳服装设计师，还有成功企业家，更有大批在企业生产一线的技术骨干和管理人员，他们已成为当地经济建设和社会发展的重要支撑力量。

三、"专业对接产业链，教育对接价值链"的成果影响

（一）专业吸引力增强，教学质量稳步提高

近两年来，我校办学质量不断提高，吸引了来自省内外及阳江、蕉岭、汕尾等地的大批学子来校就读，同时，大批企业也涌入学校，挑选专业人才，形成了"进口旺，出口畅"的招生就业良好局面，在校生达5012人，毕业生就业率达100%，专业对口率在85%以上。学生参加全国职业院校技能竞赛争金夺银，先后获得13个一等奖、11个二等奖、13个三等奖，还获得了全国职业院校学生技能展示特等奖。

（二）打造"一基地三中心"，提升了专业实训能力和水平

一基地：由中央财政支持建设的服装专业实训基地。

三中心：学校与中纺标检验认证股份有限公司合作建设的中纺标CTTC中山检测中心；学校承办的中山市休闲服装工程研究开发中心；学校与中山市暴风科技公司合作建设的服装电子商务中心。

（三）教学改革成效明显

我们聘请行业、企业专家与学校专业课教师一起，建立了与岗位技能相对接的课程体系和课程标准；完成了以典型工作任务为主线、业务流程为顺序的核心课程和教材建设，开发了一系列与产业对接的校本教材。

（四）建成专业教学资源及共享平台，提升学校信息化、现代化水平

学校各专业与行业、企业、高校、科研院所合作，分别建成了四大教学资源及共享平台，让师生可以随时随地通过网络开展教学和自主学习。资源平台的建设，提升了学校信息化、现代化水平。

（五）专兼职教师团队建设成效突出

两年来，学校培养专业带头人8名，专业骨干教师26名，另外聘请著名服装设计师、汽修技师、工艺设计师等兼职教师达到53位；139名专业课教师下企业实践或取得相应专业技术资格证书，32人参加国内外省级以上培训1～2个月；全校90%的教师通过双师型教育教学能力测评。

同时，培养了一批既是专业课骨干教师，也是企业设计总监，更是广东省十佳服装设计师的"一专多能"的双师型教师。

（六）产教融合服务区域经济社会发展

学校通过承办的研发中心、服装设计师协会，与行业、企业和科研院所开展产教融合项目合作，如为中山市某规模型企业推广精益生产项目，产生了明显的经济效益。2012年12月，学校还联合香港理工大学和区域一些知名服装企业成功申报省部项目"广东省休闲服装产业产学研结合示范基地"。

由于学校开展的校企合作产教融合成效突出，受到中山市政府高度肯定，被授予2012年度中山市科技进步奖——产学研合作奖。

（七）产生了一批专业教学改革与实践的典型案例

"专业对接产业链"人才培养的教学改革与实践过程中，学校教师改革创新、勇于探索、积极实践，总结出了多个丰富的典型案例（见表1-1）。这些典型案例示范作用明显，有较高的学习和借鉴价值。

表1-1　典型案例一览表

序号	案例名称
1	专业对接产业链，工学对接办专业
2	"双线工学，学做合一"专业教学模式
3	"三方搭台，校企共融，共创三赢"校企合作新模式
4	学习任务生产化，校企合裁纱之梦
5	"名师引领，双师主导，专兼互补"的师资团队建设
6	"一主多元，四方协调"，探索职教集团管理之路
7	中高对接，贯通职教立交桥

（八）成果在校内推广应用，带动了各专业的建设和发展

现在，服装设计与工艺、电子商务、汽车运用与维修、会计、动漫设计五个专业均成为广东省中职学校重点建设专业，服装设计与工艺、汽车运用与维修专业实训中心还成为省中职教育实训中心，各专业为社会各行业输送大量优秀人才。

（九）成果在全省推广，促进了全省中职教育的教学改革

2010年10月，"专业对接产业链，教育对接价值链"人才培养的教学改革与实践成果作为"广东省中职教育教学模式改革创新案例"向全省推广，促进了全省中职学校服装专业及其他各专业的教学改革。

（十）推进了示范校建设，在全国中等职业教育中产生了重要的影响

2010年，学校被教育部确定为首批建设的"国家中等职业教育改革发展示范学校"。

2011年11月13日，广东职业教育与产业发展对接暨与粤港澳服装业对话论坛在我校举行，时任教育部副部长鲁昕莅临指导，学校在会上做经验

介绍。

2011年12月，教育部推荐我校在国家教育行政学院向全国近200所职业院校做示范校建设经验介绍。

2013年8月，我校的国家示范校项目建设接受广东省教育厅专家组评估验收时赢得全省第一名，被专家组誉为"全省乃至全国广大地区职业教育改革发展的领头羊"。

2013年12月，国家中职教育改革发展示范学校建设现场交流会在上海召开，我校在会上做经验介绍，鲁昕副部长给予高度肯定。

近两年来，国家教育咨询委员会职业教育办学模式改革组，甘肃、江苏、浙江、海南、广西等20多个省份近100所职业院校单位先后来我校参观、交流。

（十一）国内外新闻媒体广泛报道学校办学特色

学校建设成果及办学特色受到中央新闻采访团、《中国纺织报》《南方日报》、中国服装网、凤凰网等数十家媒体的关注和报道。英国BBC记者专程来校采访，并报道学校办学情况。时任教育部副部长鲁昕两度莅临学校视察产教对接、校企合作、内涵建设等方面的情况后，高度称赞道："沙溪理工学校地方不大，校舍不高，但是很有内涵，确实达到国家级示范校的水平。"

实践证明，"专业对接产业链，教育对接价值链"的探索让沙溪理工的改革走出了一条可持续发展之路。今后，学校将继续深化产教融合，扩大校企合作，强化人文教育，增强学校发展的软实力，最大限度地挖掘中职学校育人及服务社会的功能，并使其影响力辐射全国。

"专业对接产业链"服装专业人才培养模式的改革与实践

　　作为首批国家中等职业教育改革发展示范校，中山市沙溪理工学校全面贯彻落实党中央、国务院有关大力和加快发展职业教育的精神，深化校企合作、产教融合，探索出"专业对接产业链"服装专业人才培养模式（见图1-1）。几年来，该模式的创新研究与实践取得了丰富的成果，全面提高了人才培养的数量和质量，打造了中职品牌专业和中职示范学校。该模式成果不仅在服装专业的教学改革与实践中效果显著，而且在全国中等职业教育各专业教学领域也产生了广泛的影响，获得了2014年国家级职业教育教学成果二等奖。

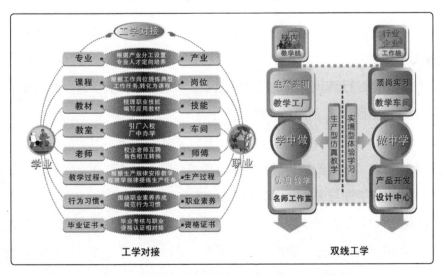

图 1-1 "专业对接产业链"服装专业人才培养模式

一、"专业对接产业链"服装专业人才培养模式的教学问题

1. 中职学校专业设置和专业拓展与区域产业发展需求脱节，专业缺乏吸引力，学生就业质量不高，甚至毕业就面临失业。

2. 专业教学与企业岗位要求脱节，工学没有对接，校企合作不深入，没有按企业岗位要求制定课程、教材、技能、师资等教学标准，没有生产性实训环境，没有企业共同参与培养学生，人才培养质量难以得到企业的广泛认可。

二、"专业对接产业链"服装专业人才培养模式的内涵

中山市沙溪镇是中国休闲服装名镇，拥有完整的产业链，其中涵盖服装设计、工艺制作、生产管理、质量检测、产品发布、陈列展示、营销物流和电子商务等环节，学校主动服务地方产业升级发展，实行产教融合，开展校企及产学研深度合作，提出并实施了"专业对接产业链"服装专业人才培养模式。

三、"专业对接产业链"服装专业人才培养模式的实施

"专业对接产业链"服装专业人才培养模式就是对接产业办专业，面向市场育人才，实现校企深度融合，工学零距离，全方位推进教学改革。

（一）专业设置和专业拓展对接产业链，办有吸引力和生命力的专业

学校根据服装产业发展和市场人才需求，服装专业对应服装产业链中设计、生产、检测、营销等各个环节，开设了服装设计、服装制版、服装工艺、生产管理、服装模特与展示、服装营销、服装电子商务等专业或专门化方向，还依托学校与中纺标检验认证股份有限公司合作建设的中纺标CTTC中山服装检测中心开设了全国中职学校中唯一的服装检测专业。总之，专业设置和专业拓展紧密对接产业的发展与需求，及时调整专业方向，改造传统专业，新增新兴专业，办有吸引力和生命力的服装专业。

（二）把企业生产线引进学校，实训基地（中心）对接产业链，增强企业对专业人才的依存度

近年来，学校把英仕婚纱晚礼服生产线、和鹰单量单裁自动裁剪生产线、EK休闲服装生产线等企业生产线引进学校，在实训基地（中心）建教学工厂或教学实训车间，严格按生产流程和岗位要求来配置设施设备，同时充分考虑到教学实训的需求，以及引进的生产线要有代表性和先进性。另外，合作的企业还要有共同培养学生的能力和积极性。2012年12月，英仕生产线教学实训车间第一件晚礼服成功出品，该晚礼服是由6名学生完成的，原计划用时2个星期，结果只用了4天时间，并于美国高价售出。公司人事主管说：我们招工就招沙溪理工服装专业的学生。通过引进企业生产线，我校实现了校企深度合作和工学零距离，培养出了技能过硬的学生，从而增强了企业对学校专业人才的依存度。

四、"专业对接产业链"服装专业人才培养模式的创新之处

（一）在国内率先提出"专业对接产业链"职教教学理念并成功实施

学校主动服务地方产业升级发展，在国内率先提出"专业对接产业链"职业教育教学理念，并在学校服装专业成功实施，形成了在国内具有广泛影响的"中职沙溪模式"。这一理论创新不但对职业教育教学改革有重大示范作用，而且对国家发展职业教育政策走向产生了积极影响。

（二）作品转化为商品，工学全面对接，教学改革取得新突破

对接沙溪服装产业链，学校与中国纺织科学研究院、中山市英仕服装有限公司等60多家科研院所和行业、企业开展校企和产学研合作，引进企业生产线，在专业和产业之间构建了"学生作品→企业产品→市场商品"的通道，实现工学全面对接，教学改革取得新突破。

（三）改革与实践有重大示范作用

服装专业的改革与实践效果显著，对全国中等职业教育各专业教学领域也都产生了重要影响。

专业对接产业链，建设高水平服装实训基地

纺织服装业是广东省重点扶持发展的支柱产业之一，其服装产量、内销和外销均占全国服装产销量的1/3，近年来却出现了严重的"用工荒、技工荒"现象。为更好地服务本地及周边地区经济建设，满足服装企业专业技能人才和管理人才需求，经过多年研究实践，中山市沙溪理工学校以"专业对接产业链"的思路，成功建设高水平服装实训基地，强化学生职业技能的培养，全面提升服装专业人才的数量和质量。

一、提出了高水平服装实训基地的"专业对接产业链"建设模式

什么是高水平服装实训基地？在实训基地建设的过程中，沙溪理工不断总结办学经验，提出了"专业对接产业链"的建设模式，并证明以此建立起来的服装实训基地就是高水平服装实训基地。"专业对接产业链"即专业拓展对接产业链、实训基地（中心）对接产业链、专业教学对接产业链。这种建设模式在实训基地建设过程中起到了非常重要的理论指导作用，创新了实训基地的建设模式，促进了实训基地的建设，使沙溪理工建设的服装实训基地成为具有示范作用的集教学、职业技能鉴定和技术服务于一身，产学研一体化的高水平服装实训基地。

二、高水平实训基地的建设推进了专业拓展全面对接产业链

（一）提升了学校专业实训能力和水平

2010年，沙溪理工在中央和省财政支持下建成服装实训基地，并在原有基础上改扩建五栋实训大楼，使服装实训基地的建筑面积达到15000多平方米，实训设备总值达1200多万元，能满足每年1500名全日制学生实训、2500人培训的需要。实训基地内建有服装设计制作一体化示范车间、和鹰服装自动化裁剪车间、三维人体测量室、单量单裁自动裁剪车间、数码印花车间、电脑绣花车间、美国格柏服装数控裁剪车间、服装工艺车间、服装版房车间、服装尾部处理车间、服装一体化教学实训室、服装电子商务校企合作实训室、服装CAD机房、服装设计室、服装模特表演厅、服装对内展厅、服装对外展厅、服装模特摄影室、平面广告制作室、服装信息中心、名师工作室等30多个实训场室。各个实训场室布局合理，设备先进，实施校部二级管理。实训基地注重新知识、新技术、新工艺、新设备的引入，大力加强计算机辅助设计（CAD）教学，引进了和鹰三维人体测量系统、单量单裁自动裁剪系统、美国格柏服装CAD系统、法国力克（Electra）服装CAD系统和国内富怡服装CAD系统，计算机主干网络全部达到1000兆光纤传输。

同时，沙溪理工还承办有中山市休闲服装工程研究开发中心，与中国纺织科学研究院合作建成中纺院深圳测试中心中山站、中纺标CTTC中山服装检测中心，共同形成了目前广东省最大且实力强、管理水平高、服务对象广、示范作用大的中职教育服装实训基地，在省内及国内正发挥着重要的推动和示范作用。

（二）推进了专业拓展全面对接产业链

通过实训基地这个平台，沙溪理工全面对接产业办专业，面向市场育人才，根据服装产业发展和市场人才需求，服装专业对应服装产业链中设计、生产、检测、营销等各个环节，增设了服装展示、服装模特、服装营销、纺

织品质量检测等专门化方向，并于2010年8月成功申报国家中等职业教育改革发展示范学校创建项目中央财政重点支持建设专业。

（三）促进了学校"全、深、高"的产学研一体化

实训基地既是教育教学、生产实习的场所，又是钻研开发新技术的场所，通过实训基地，能够使校企文化渗透，促进产学研合作提高。沙溪理工依托和服务当地服装产业，以服装实训基地和中山市休闲服装工程研究开发中心为平台，与中国纺织科学院、中山市科技局、广州美院、湖北美院、中国劳动关系学院等20余家高校，以及20多位国家级专家、400多名服装设计师、100多家企业等开展全面、深度和高端的产学研合作，为珠三角服装产业群培养包括服装设计、生产、营销等在内的各类专业人才，全方位推进专业对接产业链；为100多家服装企业提供新产品设计开发、生产改造、服装检测和人才培训等服务。

在开展"全、深、高"的产学研合作过程中，在我校的国家级服装实训基地内还建立了10多个名师工作室，聘请了中国服装设计师协会副主席张肇达、清华大学美术学院染服系主任肖文陵教授、湖南师范大学服装系主任欧阳心力教授、上海工程技术大学中法埃菲服装设计学院院长周晓鸣教授以及全国及广东十佳服装设计师李小燕、董怀光、邓兆萍、金惠、林姿含、王宝元、邱伟、刘亮等一批著名时装设计师为我校专业建设专家顾问。

三、高水平实训基地的建设推进了专业教学全面对接产业链

（一）促进了专业人才培养模式的改革

沙溪理工依托实训基地和当地行业、企业，对接产业办专业，面向市场育人才，根据服装产业链中的采购、设计、生产、检测、展示、营销等各个岗位的技术技能要求，强化岗位技能训练，培养企业需要的高技能人才。

（二）促进了专业教学模式的改革

"把学校办进企业，让学生上学就是上班；把课堂搬进车间，让学生上课就是上岗。"这是沙溪理工在实训基地建设过程中推行的专业教学新模式。

学校与企业合作，开办了专业教学新模式个性班，专门接收沙溪理工服装专业的学生进行顶岗实习。

（三）促进了专业教学内容的改革

在课程设置上，定制出以生产流程和生产管理为主导的模块式课程，使课程设置更贴近企业、贴近生产。在教学内容上，将职业岗位上的新知识、新技术、新工艺和新方法融入教学内容中。在教学手段上，利用计算机多媒体平台可调用丰富的服装资讯来辅助教学，极大地提高了教学效果和效率。

（四）促进了教学过程对接产业链

学生在实训基地中实训，在学习知识、掌握技能的同时，也为企业开发、设计产品，企业从学生的设计方案中选择好的作品进行生产，将学生的作品直接转化为企业产品，企业产品再通过销售转化为市场商品，实现了价值的提升。

四、高水平实训基地的建设全面提升了中职学校教育质量

实践证明，中山市沙溪理工学校通过建设高水平实训基地，把专业建设全面融入产业链的教育教学实践，大大提高了学校对社会、经济发展服务的能力与质量，从而提高中职学校教育质量。

（一）提升了教学质量

2007—2012年，沙溪理工的国家级服装实训基地为广东省参加全国服装技能竞赛选手集训，参加全国中等职业学校技能大赛服装设计制作与模特表演竞赛，共夺得15个一等奖、18个二等奖、19个三等奖。其中我校师生夺得10个一等奖、11个二等奖、13个三等奖。2006—2012年，我校师生参加广东省中等职业学校设计制作与模特表演竞赛，共获得31个一等奖、12个二等奖。服装专业学生参加服装专业中高级技能考证，取证率达100%，学校于2008—2011年连续四年稳居中山市中等职业学校教育教学质量评价第一名。

（二）促进了学生成才

到目前为止，学校共培养了3万多名既全面又专业，既擅长合作又能独当

一面的中高级技能人才和管理人才，成为市内各厂企争先聘用的对象。毕业生中既有全国劳动模范这样的杰出代表，又有广东省十佳服装设计师，还有自主创业的企业后起之秀和农村基层管理干部，更有大批工作在企业生产一线的技术骨干和管理人员，他们已成为当地经济建设和社会发展的重要支撑力量。

（三）促进双师型教师的成长

在实训基地进行教学的教师对于学习要有更高的要求：一方面，从高校、社会和企业引进优秀专业技术人才充实教师队伍；另一方面，通过学校的岗位培训让教师成长起来，在实训基地开展专业教学，特别是开展与企业合作的项目。学校鼓励和支持教师考取专业技能资格证书，要求教师既是学校教师，又是企业技师。

（四）增强了学校服务经济社会的能力

实训基地建设好后，除了满足本校服装专业的教学、实习需求外，还为省内同类学校服装专业师生提供一流的专业实训机会，在完成教学任务的前提下也面向社会开放，为厂企提供服装技能与管理人员的培训、服装新技术的推广和职业技能鉴定等服务。

现在，我校的国家级服装实训基地已成为广东省服装设计与工艺专业教师技能培训基地，每年举办两期以上全省服装专业骨干教师的培训，年均约150人参加。

我校作为中山市人力资源和社会保障局批准的职业技能定点培训机构，以国家级服装实训基地为平台，为当地开展服装行业和企业员工的岗位培训、下岗失业人员的转岗培训、进城务工人员和农村富余劳动力的职业培训，年均约2500人参加。

我校的国家级服装实训基地作为广东省人力资源和社会保障厅职业技能鉴定高新技术考试站，年均进行1200多人的职业技能鉴定，其中包括400多人的服装CAD职业技能鉴定。

（五）发挥了学校品牌示范作用

我校的国家级服装实训基地已成为广东省中等职业学校服装设计制作与模特表演技能竞赛和参加全国服装技能竞赛选手集训的基地，自2006年以来连续6年承办广东省中等职业学校服装设计制作与模特表演技能竞赛。

我校以国家级服装实训基地和中山市休闲服装工程研究开发中心为依托，先后承办了2008—2011年连续三届中国·沙溪产学研高峰论坛。

我校是广东省职业技术教育服装职教集团发起单位和主任单位，同时也是广东省职业技术教育学会服装专业指导委员会主任单位，陈仕楷校长是指导委员会主任，还是广东省服装设计师协会副会长。我校是中山市服装设计师协会的承办单位，目前有来自全市的400多位设计师会员，设计师协会总部就设在我校。

2010年10月，我校被教育部、人力资源和社会保障部、财政部批准成为国家中等职业教育改革发展示范校创建单位，服装专业也于2010年8月申报国家中等职业教育示范性专业。

我校因建设高水平实训基地，进一步提高产教结合、校企合作的实效性举措，引起了广泛关注和高度赞誉。2008年、2009年学校连续两次接受包括新华社、《人民日报》等新闻媒体组成的中央新闻采访团的采访报道。

2010年7月2日，广东省珠三角职教基地建设现场会在中山召开。与会代表参观了沙溪理工学校的国家级服装实训基地，对学校实训基地的建设给予了高度的肯定。教育厅原厅长罗伟其说："中山市沙溪理工学校已经不是普通中职学校，沙溪理工学校注重内涵建设，依托和服务地方经济，与产业紧密结合，在全省中职教育方面已经跑在了前面。"

中山市沙溪理工学校通过建设高水平的全面对接产业链的服装实训基地，把专业建设全面融入产业链的教育教学实践，激发了职业教育的潜能，让职业教育与行业、企业实现了紧密对接，真正做到了对接产业办专业，面向市场育人才，从而大大提高了学校对行业、企业和社会经济发展的服务能力与服务质量，也提高了中职学校教育教学质量。

积极探索中职教育多元化合作办学模式

多年来，我校积极探索学校与企业、学校与行业、学校与学校等多元化合作办学模式，推行多元化人才培养模式，使学校办学更加贴近企业、依托行业、结合产业。同时，切实加大资金投入，强化实训教学，有效促进了学生技能水平的提高，使"零距离"就业成为现实，这也成为我校毕业生就业的一大优势，学校骨干专业的毕业生供不应求。

一、案例实录

案例一：学校与企业的合作办学

"理论联系实际，学校教学与社会实践相结合"始终是我校办学的指导思想。汽车维修专业的办学方向更以此作为正确的定位。汽车维修专业能否办出效益，办出特色，很大程度上取决于企业参与办学的程度。也正因为如此，多年来我校一直在积极探索校企合作的新路子。如今，我校已经与7个企业建立了校企合作关系，这些企业成为我校的挂牌实习基地。它们为我校完成专业学生的汽修实习及毕业综合实习提供了保障，也为学生的就业提供了许多可供选择的岗位。

实践证明，我校汽车维修专业的办学方向已走上一条健康的阳光大道。具体体现在以下几个方面：

（1）贯彻落实和实践教学与生产实践相结合的教育方针。

（2）汽车工业的飞速发展，汽车设备高频率的更新换代，各类型的汽车配设是任何一所学校的实习设备都难以跟上的，学生在企业中可以更广泛地接触到各种各样的现代化设备和汽车机械。

（3）企业的严格管理机制对学生是一个很好的锻炼，对学生职业道德的提高有很好的促进作用。

（4）我们的实习是一种定向实习。企业可以观察、录用学生，学生可以了解企业，选择就业岗位，这样有利于企业的用工招聘和拓展学生的就业空间。

历届汽修专业毕业生均于第六学期下厂顶岗实习，他们分成若干小组，分别奔赴多家企业开始实习。实习学生在谈到实习体会时，都很兴奋地说："在实践中学到许多书本上学不到的东西，真正懂得书本上的知识与实践应用的重要性，学会了做什么事情都要从最基本的做起。"他们从在车间里打扫卫生、拆装轮胎，到汽车底盘的拆卸、发动机的维护，再到学习最先进的检测方法，使用计算机对汽车事故进行诊断，技能的提高非常明显。同时，他们在工作中也真正体会到"爱岗敬业、服务为荣、追求卓越、用户第一"的企业精神和一个汽车维修工人必须具备的素质——认真倾听、详细检查、仔细维修、使用户满意。实习单位对实习生给予高度的评价：一是学生遵守厂纪厂规、尊敬师傅、不怕脏、不怕苦、不怕累，有良好的职业道德；二是在学校学到的理论知识、掌握的基本技能扎实。

现在我校青年教师实践锻炼和技能的提高培训，也由有关企业提供，学校与企业之间更广泛的合作也正在紧锣密鼓进行之中。

案例二：学校与行业的合作办学

沙溪是中国休闲服装名镇，沙溪制衣商会拥有1300多家企业会员单位，是当地产业的行业协会，而我校的服装专业又是广东省中等职业学校示范性专业，是广东省中职学校服装实训中心，为此，我校积极开展与行业的合作办学。我校作为沙溪服装行业协会的会员单位之一，积极参与每年一次的大型休闲服装博览会，参与各类行业标准的制定、推广；同时，我校还承办了中山市休闲服装工程研究开发中心，建立产、学、研平台，服务企业和行业；另外，我校还是广东省职业技术教育学会服装专业指导委员会主任单位，起到联系企业、服务全省职校的作用。

学校与行业的合作，提高了学校的专业办学水平，引领了学校的专业办学方向。

案例三：学校与学校的合作办学

在全面落实全国职教会议精神的大好形势下，我校积极响应广东省委、省政府关于经济发达地区要扶持山区贫困地区的号召，根据中山市教育局高成职教科的意见，同时也为了满足中山市和梅州市经济社会发展对各类人才的需求，发挥我校作为国家级重点职业中学的办学优势，开展对口扶持，起到辐射示范作用，我校经与梅州市蕉岭县职业技术学校协商，决定开展合作办学。此举是我校不拘一格办职教、努力扩大办学规模、开创多元办学体制的新举措，得到了上级领导的充分肯定。

我校与梅州市蕉岭县职业技术学校首次合作办学的专业为服装与艺术设计专业，形式为"2+1"模式，即学生前两年在梅州市蕉岭县职业技术学校学习，第三年到我校学习。学生毕业后，我校将推荐就业。

今后，我校将继续发挥优势，与更多省内欠发达地区的职业技术学校合作，全面开展职教帮扶。

二、我校探索中职教育多元化合作办学模式的做法

多元化合作办学是由学校、企业、行业和社会共同参与，有计划地将课堂上的理论学习与工作中的实践学习有机结合的一种办学形式。其本质在于把职教与经济社会发展紧密联系在一起，实现良性互动，形成"双赢"局面，其核心是产学合作、工学结合、各方参与，达成的目标是提升学校的办学效益和企业的人才竞争优势，最终目的是促进社会经济发展。加强产教结合，校企合作办学模式的探索是发展中等职业技术教育社会化服务、市场化运作、企业化管理的办学特点的有效途径。

多年来，我校在探索中职教育多元化合作办学模式方面的做法主要如下。

（一）更新观念，明确目标

随着经济体制改革深化，各方都面临着一场根本性的改革，必须用市场经济的规律来认识合作办学。其关键在于更新观念，明确目标。

我们认为，多元化合作办学的目标应当是：①调整中职办学结构，实施多元化办学模式；②调整中职专业设置，适应本地区产业结构调整对人才的需求；③拓宽学生的专业，激发学生的学习积极性，培养学生的创新意识、动手能力、自学能力、表达能力、管理能力与协作能力、社会活动能力，增强学生的就业竞争力。

（二）解放思想，大胆试验

我们对校企合作的试验主要有以下两种方式。

1. 全过程结合式

在对学生进行教育的全过程中实行工读交替，适当安排课程和工作。其特点是，可以结合各阶段课程学习的进程安排实习，学习和工作交替进行，学习和实践有机结合，学以致用。三年中学生更换了较多的岗位，接触了较多的社会层面，对于提高他们的学习积极性和毕业后顺利上岗有很大的帮助。当然，这种方式也有不足，如增加了管理的工作量；学生要多次往返于企业和学校之间；不能满足企业对岗位工作连续性的要求。

2. 后期结合式

学生在校学习两年半课程，安排半年时间到企业实习，即"2.5+0.5"方案。这种形式的特点是完整的课程学习阶段+毕业实习，操作比较简单，学生有一个整体学习和实习过程，也比较受企业欢迎。但各阶段的课程不能与工作很好地结合，学生工作、实习对课程学习的反馈不及时，工作和学习相互促进的作用不大。这是目前普遍采用的一种教学方式，其主要弊病是：实习=就业上岗；学校对学生的管理处于被动地位；学生的实习期表现取决于用人单位的福利及岗位等非教学因素。

（三）以就业为导向开展教学改革

1. 强化实训，培养工作经验

为提高我校各专业学生的专业实际操作能力，我校积极拓展实训基地，创造实训条件。

2. 推进课改，满足市场需求

除加强学生动手能力培养之外，我校还加快学校专业调整、课程改革进程，积极开设适应市场需求和发展水平的专业。

3. 以品牌专业提升就业竞争力

为了培养专业性强、竞争力强的毕业生，我校结合学校自身专业优势，大力打造学校品牌专业。

4. 多证就业，提高综合素质

在培养学生较强动手能力的基础上，为提升学生可持续发展能力，我校着重对学生综合素质的培养，积极推广多种技能考证上岗。如计算机专业学生要考取会计从业资格证书和会计电算化证书；服装设计与工艺专业学生要考取计算机操作证、服装CAD证和服装定制工证；汽车维修专业学生要考取钳工证、电工证、汽车维修证、机械CAD证等。

（四）难点、重点与对策

首先，加强产教结合、校企联手办学模式的探索是发展职教的新路子，但是需要校企双方合作，共同努力。目前的制约在于市场经济条件下，企业的主要任务是追求更高的经济利润，它需要职校培养适应生产需要的人才，但在培养人才这个层面上，没有共同的责任和义务。其次，学校的内部运行机制将教学作为教师的首要工作，教学成果、教学工作量等是评价教师的标准，而进行产学合作教育，下厂带实习，既辛苦又得不到应有的承认。最后，企业的人员投入、设备、生活条件等，也制约着校企合作教育的顺利展开。

但是当前也存在着许多机遇和有利条件。科学技术的迅猛发展，对经济发展产生了强烈辐射和全面渗透，"资源经济"正向"知识经济"过渡，企业急需大批高素质的生产第一线工人和管理人员。因此，产业如何在激烈的市场竞争中立于不败之地，产业与学校的联合是其中的关键因素之一。

作为学校来说，第一，要大力转变教育思想、教育观念，特别是要改革封闭式教育观念，树立促进科技经济发展、主动适应企业需要的开放式教育观念。第二，要改革教育体制，建立适应市场经济体制需要的中职教育体制，走社会化服务、市场化运作、企业化管理的办学体制。第三，要改革人才培养模式，建立与生产紧密结合的人才培养体系和教学内容及课程体系，调整中职办学结构，实施多元化模式。第四，要改革现有毕业生推荐模式，要改变单一的、以产业部门作为实习分配场所的传统模式，关键是使校企双方互利共赢。

建设高水平实训基地，提高中职学校教育质量

中职教育的目标是培养面向行业的技能应用型人才，提高人才竞争力，实践教学环节是关键，因此建设实训基地是中职教育的核心工作之一，是适应行业发展和人才培养目标定位的需要，同时也是中职教育发展进程的必然要求。加强实训、实习基地建设是中等职业学校提升办学水平、彰显办学特色、培养高素质技能型人才、增强学校服务经济社会能力、全面提高教育质量的重要保证。

中山市沙溪理工学校一直致力于高水平的实训基地建设。学校创建于1991年，1996年被评定为首批国家级重点中等职业学校，2010年又被评为首批国家中等职业教育改革发展示范学校。从2008年起，学校就围绕"创全国中等职业教育改革发展示范性学校"的发展方略，开展了国家级服装实训基地的申报、建设和研究，遵循"先进性、仿真性、开放性、产学研相结合"四大原则的建设思路，迄今建成包括国家级中职教育服装实训基地、国家级纺织品质量检测中心、广东省中职教育服装实训中心、广东省中职教育汽车维修实训中心、中山市休闲服装工程研究开发中心在内的高水平实训基地。其中，国家级中职教育服装专业实训基地已经成为广东省乃至全国中等职业教育中专业实力强、管理水平高、服务对象示范作用大的培养培训高、中、初级服装设计与工艺专业技能人才的基地，在提高我校教育教学质量中起着关键的作用。

随着实训基地硬件设施的不断完善，为持续、有效地发挥作用和提高

效益，学校在内涵建设上也不断创新，创立了"专业对接产业链"的办学模式。这种模式在基地建设的过程中，不断汇聚办学资源，吸纳人才和经验，反过来推动基地的全方位建设。

一、高水平实训基地的建设推进了专业拓展全面对接产业链

我校根据服装专业的特点，按照专业教学计划与教学大纲的要求，建成了广东省目前最大的中职教育服装实训基地。

（一）高水平服装实训基地提升了专业实训能力和水平

高水平实训基地的建设，先进设备和技术的引进，名师的专业引领，促进了专业的建设和发展，实现了实训教学的现代化，大大提升了专业的实训能力和水平。

（二）高水平服装实训基地推进了专业拓展全面对接产业链

纺织品检验检测专业是学校专业拓展对接产业链的一个新尝试。中山市沙溪的休闲服装虽作为广东服装产业的重要支柱，却缺乏纺织品质量检验检测这个重要环节，致使出口非常被动。企业产品出口没有严格的质量检验检测，在国际市场上无法获得高标准检测机构的认可，始终只能在低水平上与国际对手竞争。学校看到纺织品检验检测对服装产业的重要性以后，果断决定开设纺织品检验检测专业，在大力引进和培训师资的同时，开拓纺织品检验检测服务，使地方服装产业链迅速延伸。地方产业链的延伸与学校专业拓展实现了无缝对接和同步发展，学校专业建设融入产业链的品质检测环节，是我校服装专业建设融入地方经济产业链的经典案例，目前学校已经使该专业实现了培养专业人才与服务社会并举的功能。

实训基地的建设，使得学校从原有的"前校后厂"升级为"前店后校、前校后厂"的校企合作新模式，实现了学校服装专业建设在开发、研究、生产、检测、展示、销售各方面的高水平"产学研"一体化，达到专业拓展与服装产业链的全方位对接。随着中山沙溪服装产业链的进一步延伸和完善，新工艺和新技术在产业链中的推广与应用，学校为适应服装产业的发展需

要，将不断开发新的专业方向。

（三）高水平服装实训基地实现了"全、深、高"的产学研一体化

学校依托和服务当地服装产业，以服装实训基地和中山市休闲服装工程研究开发中心为平台，与众多院校、企业、服装设计师开展全面、深度和高端产学研合作，为珠三角服装产业群培养包括服装设计、生产、营销等在内的各类专业人才，全方位推进专业对接产业链；为100多家服装企业提供新产品设计开发、生产改造、服装检测和人才培训等服务；共建国家级纺织品质检中心等一批高端实训基地。做到校企文化互相渗透，产学研合作促提高。

二、高水平服装实训基地的产学研一体化模式及内容和特点

产学研一体化模式及内容和特点见表1-2。

表1-2　产学研一体化模式及内容和特点

产学研一体化模式	产学研一体化的具体内容与操作过程	产学研一体化模式特点	产学研一体化目的
常规结盟	1.学生到企业跟岗顶岗实习，提高专业技能和职业素养	单一松散型合作	合作开展人才培养和员工培训
	2.学校为企业一线工人进行岗前培训和在岗培训		
	3.企业的管理、技术和设计人员在学校进修学习		
	4.企业的管理、技术和设计人员兼任学校专业教师，使专业教学对接企业需求		
	5.学校师生为企业设计产品		
	6.学校、科研机构和企业开展有限规模的产学研合作		
高端结盟	1.承办中山市休闲服装工程研究开发中心，建立产学研合作平台。引进科研机构、邀请名师加盟，与知名院校携手，与强势企业合作，逐步推进产学研一体化	全面、深度、高端的紧密型合作	优势互补、互利共赢、相互依存、共铸品牌
	2.学生到企业跟岗顶岗实习，提高专业技能和职业素养		
	3.学校为企业一线工人进行岗前培训和在岗培训		

产学研一体化模式	产学研一体化的具体内容与操作过程	产学研一体化模式特点	产学研一体化目的
高端结盟	4.教师到企业顶岗实践，参与企业的技术、管理和生产工作，提高教师的专业实践能力与素质	全面、深度、高端的紧密型合作	优势互补、互利共赢、相互依存、共铸品牌
	5.教师兼任企业设计师或设计总监，参与企业设计研发		
	6.企业的管理、技术和设计人员兼任学校专业教师，使专业教学对接企业需求		
	7.校企合作把优秀学生培养成企业需求的管理、技术和设计人员		
	8.企业设计研发中心落户学校，学校师生为企业设计产品		
	9.合作研发高新产品。如亚麻面料、变温T恤等		
	10.共同举办国际流行趋势及新品发布会		
	11.共同举办全国或省内服装设计大赛		
	12.创办中山市设计师协会，吸纳400多名企业设计师入会，拓宽产学研一体化空间		
	13.每年举办一次产学研高峰论坛		

三、高水平实训基地实现"全、深、高"的产学研一体化

"全面"：从管理机制、培养模式、教学方式到评价体系，结合产品开发、生产、营销、人才培养，全方位推进专业对接产业链。

"深度"：产、学、研不再脱节，而是利益密切相关，文化深入交融。从全面接手品牌服装的设计工作到创建沙溪理工的实训基地，学校文化与企业文化互相渗透，教学能力与科研能力互相促进。

"高端"：以中国纺织科学院为代表的科研院所进驻学校，与学校共建国家级纺织品质量检测中心、中山市休闲服装工程研究开发中心。学校国家级服装专业实训基地的落成、全国知名高校的加盟，以及全国著名服装设计师等一批名师的参与，实现了产学研一体化的高端发展。学校以服装专业为龙

头的专业建设和发展也得到了全面提速。

自2007年以来，学校以基地和研发中心为平台，联合某服饰公司与黑龙江省齐齐哈尔大学艺术学院合作，共同承担中山市科技局科研项目课题"环保健康休闲亚麻服装的设计与开发"的研究任务，致力于新型亚麻面料的研发与推广。服装实训基地内还建起了符合环保与科学生产工艺流程的示范性现代化标准生产车间，不仅生产自创的服装品牌，还积极推广服装高新技术设备，为服装企业提供办公软件、财务软件、管理软件和电子商务以及现代化生产管理在岗培训。

实训基地推进专业对接产业链也让学校获得了显著的产学研效益。2010年5月，上海世博会开幕，中山市沙溪理工学校与公司合作研发的变温T恤刚一亮相，就成为各大媒体争相报道的焦点。这种变温T恤在世博会上获得特许经营，受到了广大消费者的青睐，发布会后仅仅几天便获得了超过10万件的订单。

四、高水平实训基地的建设推进了专业教学全面对接产业链

（一）高水平服装实训基地的建设改革了专业人才培养模式

学校在培养技能型人才方面，依托实训基地和当地行业、企业，人才培养对接产业链，全面提高教育教学质量。在完善工学结合、校企结合的基础上，与企业零距离对接，学生在学习与实训期间，在校企合作工作室或生产实训车间开展定向模块化学习和训练，不仅学到了较全面的专业知识，而且熟练地掌握了专业技能，成为企业需要的技术技能人才。多年来，我校学生在考取专业技能证书上技高一筹；参加全国和省市技能大赛争金夺银，屡获佳绩；毕业生就业率高，且大部分是优质创业、对口专业就业。

（二）高水平服装实训基地的建设改革了专业教学模式

我校是首批国家级重点职业学校，服装设计与工艺专业是广东省重点建设专业，设立目标是为当地培养相对紧缺的服装设计、生产和管理技能型人才。学校专业建设以服务产业发展为目标，紧密依托地方产业，改革教学模

式、课程结构、教学内容和教学过程，实现与地方产业经济的融合。

校企合作，开办了如霞湖世家店长班、英仕学生实训专线等专业教学新模式个性班。其中，英仕学生实训专线在英仕公司培训中心内已建成多条。该培训中心由英仕公司投资建成，厂房、设备、宿舍、饭堂一应俱全，有4名专业培训技师进行管理，专门接收我校服装专业的学生进行顶岗实习。通过这一实训专线，学生零距离地学习了英仕主打产品婚纱和晚礼服的个性设计、裁剪制作工艺。学生在实训过程中表现优秀，将直接走上英仕公司正式的生产岗位，还有学生胜任更高级的技术及管理工作。同时，通过直接在企业开展实训专线的做法，学校与企业在产品设计、交流信息、人才培养、资源互补方面达到双赢。

（三）高水平服装实训基地的建设改革了专业教学内容

服装实训基地的建设拓展了服装专业的教学空间，同时又能根据基地所具有的企业化生产条件开设相关课程，改革和丰富教学内容，真正实现教学与生产实践的无缝对接。

1. 在课程设置上

按国家指导性教学计划，结合我校专业教学指导委员会的意见，根据服装设计与工艺专业相关工种岗位的知识结构和技能要求，与服装企业合作，定制出以生产流程和生产管理为主导的模块式课程，使课程设置更贴近企业、贴近生产，服装设计与工艺专业40%以上的课程是由企业提出设置的。

2. 在课程结构上

根据教学需求和学生基础，结合企业一线的生产实际，将课程内容划分成若干项目模块，每个模块都注重将职业岗位上的新知识、新技术、新工艺和新方法有机结合，以体现知识综合化、结构模块化的职业教育课程特色。在服装设计与工艺实训课程教学中分别划分出"服装美术""服装结构制图""服装裁剪与缝制""服装设计""服装CAD""立体裁剪"等若干个课程模块，要求学生必须逐一通过考核，教学内容均与相应的工业技能等级鉴定标准结合。效果评价以最终考取"中级服装定制工"和"中级服装CAD

绘图员"等技术资格证书作为服装设计与工艺专业综合技能评价标准。

3. 在教材选用上

除采用国家规划或教育部规划教材外,我们还组织教师开发校本教材,结合本地区及学校的实际情况和专业实训课程的六个模块,自编对应的校本教材。这些教材同时应用于梅州市蕉岭县职业技术学校、阳春市职业技术学校的服装设计与工艺专业教学。由于教材选择得当,在使用过程中获得了师生好评,教学效果良好。

4. 在教学内容上

注重新知识、新技术、新工艺的传授和训练。如数控裁剪、特种车的使用、服装面料检测、生产管理、春晓GST-服装标准工时系统等新知识、新技术、新工艺的引入,极大地丰富了教学内容。一改以往多年不变、不符合企业需求的陈旧教学内容,大大地激发了师生教与学的兴趣和热情。

5. 在教学手段上

基地的各实习实训车间和场室全部连接了光纤千兆网,并共享服装信息中心的所有资源,每个场室均安装有多媒体计算机平台,教师利用信息化手段来辅助教学,学生可利用丰富的软件和课件进行网络学习。目前,运用多媒体和计算机网络等先进教学手段进行授课的课时占教学总课时的70%以上,大大地提高了教学效果和效率。

(四)高水平服装实训基地的建设使得教学过程高度对接产业链

学校把企业对人才的需求转化为学校教学的核心,服装设计专业的学生每学期都坚持为企业开发设计产品,企业则直接选用学生的设计方案,然后在实训基地的生产车间里将学生的作品直接转化为企业产品,企业产品再转化为市场商品,实现了"作品→产品→商品"的价值提升。

学校先后为企业进行产品设计开发与生产信息化生产改造,这些企业则直接把产品设计放在我校的研发中心。学校还先后为9家服装公司提供了季度产品订货会时装表演、晚会时装表演、模特摄影等服务。

（五）高水平服装实训基地的建设改革了学生评价体系

由于实训基地教学灵活多样，学校也相应建立了弹性的学习和评价体系，开展有中职特色的学分制改革实验。提高技能学分比例，把课程学分、技能学分和德育学分、奖励学分融合在一起，促进了学生的全面发展。对学生各方面的进步、考取多种专业技能证书和获得各级各类奖励等都分别给予一定的学分，并直接与学生的毕业考核挂钩，大大地激发了学生的学习热情和兴趣。在评价管理上，引进先进的教学管理手段。教学教务管理和办公全部实现了计算机网络化管理，建立了校内和远程管理平台，还引进了校园管理软件，建立了学分制管理平台。

五、高水平实训基地的建设全面提升中职学校教育质量

高水平实训基地调动了学校与行业、企业、科研机构、政府部门等方面的合作，从中锻炼了师生的专业技能和综合素质，推动学校的教学质量、师资力量、服务经济社会的能力的提升，从而促进了品牌含金量的全面提升。

（一）高水平服装实训基地的建设提升了学校教学质量

服装实训基地的建设，促进了服装专业教学质量的全面提高，在专业技能竞赛、技能考证等方面成绩突出，均位列全省乃至全国前茅。

（二）高水平服装实训基地的建设促进了双师型教师的成长

我校在基地建设过程中，加快推进"强师工程"，重点引进和培养双师型教师和专业带头人。学校从高校、社会、企业引进优秀专业技术人才，充实教师队伍。近年来，学校每年引进二三十名优秀人才，他们在专业建设中发挥了重大作用。同时，学校也积极培养在岗教师，鼓励和支持教师专业成长，如考取专业技能高级资格证书。另外，学校还要求教师定期到实训基地去任职或兼职，为培养教师的实践能力、了解行业发展动向及前沿技术提供了深入生产实际调研、科研的场所。教师经过一系列培训、打磨，不仅能进高校培训，还能下企业实践，成为企业员工中的一员，更有不少教师在企业里担任操作技师或者直接担任企业设计总监。正是这些双师型教师与企业的

高度融合，使学校在专业建设过程中建立起一支师德好、能力强、素质高的专业教师队伍。

学校师资队伍建设与企业高度融合，使学校的专业发展实现了全面融入服装产业链的战略举措。

（三）高水平服装实训基地的建设增强了服务经济社会的能力

实训基地除了满足本校服装专业教学、实训、实习需求外，还可以为周边兄弟学校服装专业师生提供一流的专业实训机会。另外，实训基地在完成教学任务的前提下也面向社会开放，为厂企提供服装技能与管理人员的培训、服装新技术的推广、职业技能鉴定等服务，使实训基地真正成为立足中山、辐射广东的服装技能人才实训基地。2005年至今，学校与当地行业、企业合作，为100多家企业累计培训员工10000多人。

六、结束语

实践证明，中山市沙溪理工学校通过建设全面对接产业链的高水平服装实训基地，把专业建设全面融入产业链的教育教学实践，激发了职业教育的潜能，使职业教育在与企业的交流和合作中大大提高了学校对社会经济发展的服务能力与服务质量，从而提高了中职学校教育教学质量。

与此同时，建设高水平实训基地是一项投入巨大、回报周期较长的工程，众多中等职业学校在此过程中都面临重重困难。今后，我校将力求站在服务经济社会的高度，为解决现实问题进行更深度的研究和实践，为提高中职学校教育质量再建新功。

专业对接产业链，促进国家中等职业
教育改革发展示范学校建设

自"国家中等职业教育改革发展示范学校建设计划"项目建设立项以来，我校认真贯彻《教育部　人力资源和社会保障部　财政部关于实施国家中等职业教育改革发展示范学校建设计划的意见》等相关文件精神，按照示范校建设项目方案和任务书要求，扎实推进我校四个重点专业和两个特色项目的建设工作，目前各项任务已全部完成。

一、项目建设总体情况

经过两年的努力，示范校建设达到了预期建设目标，打造了四个与当地产业互动良好、适应职业岗位需要的特色专业；与行业、企业联合，建成了一批设备先进、共享性强、辐射面广、能满足学生生产性实训需要的校内外实训基地；引进与培养了一批在业界具有较大影响的专业带头人和骨干教师，打造了一支专兼结合、双师型教师团队；建成有行业、企业参与，信息量大的专业数字化教学资源及共享平台。学校已成为当地培养生产一线技能应用型人才的重要基地，成为本地区服装产业新技术、新工艺的重要研发与推广中心和社会美誉度高、辐射能力强的中等职业学校。

目前，学校四个重点建设专业和两个特色项目建设的86个子项目任务、611个验收要点，完成度达100%，各项目任务重点建设内容完成率普遍超预期，增量明显（见表1-3）。

表1-3 建设项目任务主要建设内容完成情况表

建设项目	建设内容		验收目标	实际完成	完成率
重点专业建设（服装设计与工艺专业、汽车运用与维修专业、工艺美术专业、电子商务专业）	人才培养模式	人才培养模式（个）	4	4	100%
		精品课程（门）	9	13	144%
		核心课程（门）	14	21	150%
		校本教材（本）	29	32	110%
		正式出版的教材数	13	21	162%
		校内实训基地	15	17	113%
		教学资源库（个）	4	5	125%
		双证书获取率	100%	100%	100%
		顶岗实习率	100%	100%	100%
	师资队伍建设	专业带头人培养	7	8	114%
		专业带头人国内外进修（人次）	22	26	118%
		骨干教师培养	22	26	118%
		骨干教师国内外进修（人次）	37	57	154%
		教师企业顶岗实践（人次）	85	98	115%
		双师型教师（人次）	99	104	105%
		聘请兼职教师（人）	67	84	125%
		兼职教师课时总量（人次）	4198	5896	140%
	校企合作、工学结合运行机制建设	校企合作制度（个）	4	4	100%
		名师工作室（人）	15	17	113%
		专家指导委员会（人）	41	61	149%
		校企合作管理和评价机制	4	4	100%
		校外实训基地（个）	56	58	104%
		校企合作资源平台（个）	4	5	125%
		顶岗实习任务完成率	100%	100%	100%
		工学交替教学任务完成率	100%	100%	100%

建设项目	建设内容		验收目标	实际完成	完成率
特色项目建设	中山市纺织服装行业产学研与公共技术服务平台建设	服装检测中心	通过国家认可委认证	通过国家认可委认证	100%
		研发技术推广平台（GST服装精益生产流水线建设）	向企业推广GST服装精益生产流水线技术	向3家企业提供GST服装精益生产线技术推广和培训服务	100%
	学校文化建设	文化长廊、后山公园、橱窗文化、学校电视台等9个项目建设	全部建成	全部建成	100%

二、建设工作机制与举措

（一）政府支持，政策配套，市镇联动，指导建设

中山市教育局、沙溪镇党委和政府高度重视，全程指导，将我校示范校建设写入了中山市教育事业发展"十二五"规划、沙溪镇政府工作报告，市、镇领导经常到校检查、指导，了解建设进度，加大扶持力度，及时帮助解决实际困难。

（二）校长负责，成立机构，全员参与，层级实施

学校实行校长负责制，成立了示范校建设项目领导小组，校长任组长，全体师生积极参与，形成了"目标引领、机制驱动、项目管理"的科学、有效运行机制，下设6个纵向建设项目工作小组，4个横向分类建设小组，并成立质量监控小组负责落实。

（三）完善制度，加强培训，责任到人，管理到岗

学校完善了《学校示范校建设项目实施方案》等一系列制度，请专家来校做讲座，选派项目负责人参加各类培训。学校将示范校建设写入学校各时

段、各部门工作计划,项目组每周开例会,每月开反馈会,检查建设进度,总结经验,查找不足,责任到人,管理到岗,并且建立了科学合理的评价机制、责任机制、监督机制和激励机制。

三、项目建设进展

(一)重点建设专业项目

学校依托和服务中山市区域经济社会发展,重点建设服装设计与工艺、汽车运用与维修、电子商务、工艺美术四大专业,提升服务经济社会的能力和水平。

1. 创新人才培养模式,构建与岗位技能对接的课程体系

(1)"专业对接产业链,教育对接价值链",创新人才培养模式。

沙溪镇是中国休闲服装名镇,学校根据服装产业发展对人才的需求,专业对接产业链,对接产业办专业,面向市场育人才。根据岗位技能要求,把企业引进校园,把课堂搬进车间,企业和学校共同制订与实施人才培养方案,在学校"专业对接产业链,教育对接价值链"人才培养模式的统揽下,形成了服装专业的"工学对接,双线工学"人才培养模式、汽车维修专业的"教学做三位一体"人才培养模式、工美专业的"专业分层式推进实践教学一体化"人才培养模式和电子商务专业的"校企互联,五双并行"人才培养模式。

(2)构建与岗位技能对接的课程体系,推进课程和教材建设。

四个重点建设专业对接行业、企业岗位技术技能要求,与行业、企业技术专家共研、共建课程体系和课程标准;完成了以典型工作任务为主线、业务流程为顺序的核心课程和教材建设,开发了一系列与企业对接的校本教材。

(3)建成数字化教学资源及共享平台,提升学校信息化现代化水平。

我校四个重点建设专业与行业、企业、高校、科研院所合作,建成了数据量达1.03TB的四个专业数字化教学资源及共享平台,平台包括课程展示、资源库、校企合作、顶岗实习、在线学习等栏目,教学资源包含教学设计、课件、视频、二维和三维动画、在线测试等内容，师生可以利用丰富的数字化教学资源开展教学和自主学习，也可以通过教学资源及共享平台服务企业和社区。数字化教学资源平台的建设，大大提升了学校信息化、现代化水平。

2. 实施"鹰成长"计划，打造专兼结合的双师型教师团队

学校提出了"鹰成长"师资队伍建设模式，制定和实施了《专业带头人、骨干教师、双师型教师培养和管理方法》等10多项制度，着力提高教师的育人能力、专业教学能力、实训指导能力等综合素质，让教师实现从雏鹰、飞鹰到雄鹰的成长，打造了一支拥有全国优秀教育工作者、广东省名校长、全国技能大赛优秀指导教师、广东省十佳服装设计师、南粤优秀教师、中山市名教师的专兼结合的优秀双师型教师团队，学校因此被广东省人民政府评为职教先进单位。

（1）培养专业带头人、骨干教师和双师型教师。

学校全力打造结构合理的专业教师团队，加大专业带头人、骨干教师和双师型教师的培养力度，共培养出广东省名校长1名，省级教学名师2名，高水平的专业带头人8名，专业骨干教师26名，双师型教师已达90%以上。

（2）引进名师，建名师工作室，引领专业发展。

学校聘请一批著名时装设计师在我校建立名师工作室，引领专业建设和发展，现已建成名师工作室13个。我们还将专业教师和学生编组配备到每一个名师工作室中，做名师的助手，面对面聆听名师的指导和教诲。定期在校内开设学生与名师直接对话的"名师讲堂"，让师生能接受到高水平名师的指导。

（3）聘请行业专家、能工巧匠、企业精英担任兼职教师。

一大批专家、企业技师经常来校给学生讲课，各专业聘请行业专家、能工巧匠、企业精英共84人担任兼职教师，参与专业人才培养模式和课程体系建设。

（二）特色建设项目

1. 产学研服务产业，五大平台为企业创效益

中山市纺织服装行业产学研与公共技术服务平台特色项目是与科研院所、高校、行业协会、企业合作，完成研发、设计、展示、检测、培训五大平台建设。3年来已连续举办三届服装设计大赛和产学研高峰论坛，在省内、国内的服装行业和企业中产生了广泛的影响；开展高新技术培训和推广，受益企业达23家，培训企业员工931人；为3家企业推广GST项目，产生了明显的经济效益。项目的建设为当地服装产业做出了贡献，也推动了学校教育教学的改革，让学校师生在参与项目的建设中成为直接的受益者。

2. 文化育人内涵发展，为学生幸福人生筑基

文化建设特色项目有效推进了学校内涵发展。学校以"教学生学会做人，学好技能，为学生幸福而有意义的一生打下良好基础"为教育目标，创设了环境幽雅、氛围和谐、设施先进、制度科学、功能完善的学校文化系统，建设高品位的充满幸福感的学校文化；坚持"以人为本、以德育人、以文化人、以质立校"的治校方略，以"自强不息、和谐发展"为校训，打造幸福职教文化，让学生在幸福文化滋养下，成长为文化优、技能精、理想高、品行好、自强自信、积极向上的青少年，为学生幸福人生筑基。

四、贡献与示范

经过两年的改革建设，学校正一步步成为就业、创业者的摇篮，企业的人才库，行业的交流平台，政府的文化名片，兄弟院校的参考范本。

（一）对学校整体办学实力提升的带动作用

1. 办学实力全面提升

示范校的建设带动了各专业和学校的整体发展，目前，学校服装设计与工艺、汽车运用与维修、电子商务、会计、工艺美术五大专业均建成为广东省重点建设专业；服装、汽修实训中心成为国家和省级中职教育实训中心。同时，校企合作建成了直接为师生教育教学服务的服装研发中心、服装检测

中心，承办了成人文化技术学校，合作创办了中山职业技术学院沙溪服装学院。另外，中山市服装设计师协会、广东省服装职教集团、广东省职业教育学会纺织服装专业指导委员会等协会也挂靠在学校内。示范校建设全面提升了学校的整体办学实力。

2. 办学质量、口碑好

近年来，我校办学质量不断提高，各专业毕业学生双证率均达100%，毕业生就业率达100%。

（二）对其他地区和学校进行示范、带动与辐射的成效

1. 牵头成立服装职教集团，推动全省中职服装专业优势发展

在广东省教育厅的支持下，我校牵头成立了广东省服装职业教育集团，与开设服装专业的省内职业院校、知名服装企业、服装行业协会等机构合作，在共同发展的基础上，推动全省中职服装专业优势发展。近年来，广东省中职服装专业师生在全国学生服装技能大赛上屡创佳绩，得到全国中职学校同行的普遍认可，学校也成为全省服装专业教师的培训基地。

2. 以合作办学形式帮扶省内欠发达地区中职学校发展

学校与蕉岭县、汕尾市、阳春市等欠发达地区职业学校开展合作办学，每年接收来自这些欠发达地区的学生近200人，如与蕉岭职业技术学校合作办学，已累计培养学生800多人。

3. 经验分享提高建设效果

在国家和省级示范校建设专题会上做经验分享，省内外中职学校慕名前来参观学习，示范、带动和辐射作用显著。

五、典型案例

在示范校建设过程中，全校教师改革创新、勇于探索、积极实践，总结出了丰富的典型案例（见表1-4），这些典型案例较好地反映了项目建设的成果和特色，也体现了职业教育改革方向。实践性强，示范作用明显，有较大的学习和借鉴价值，是学校示范校建设的一大成果。

表1-4　典型案例一览表

序号	案例名称
1	专业对接产业链，工学对接办专业
2	班级管理企业化，实训中心车间化
3	涵养幸福文化，创办幸福职教
4	"校企互联，五双并行"，全面推进电子商务专业人才培养改革
5	"鹰成长"计划双师型师资队伍建设
6	多维视角，个性凸显，倾力打造云平台教学资源库
7	省部镇共建产学研一体服务平台
8	"工学双线，学做合一"，深化服装专业教学模式改革
9	师徒结队，学做合一
10	订单培养，校企共育

六、存在的问题及改进措施

（一）兼职教师的教学能力有待进一步提高

需进一步加强兼职教师的职教理论培训，探讨如何将工作内容转换为教学内容。

（二）不断完善校企合作长效机制，全面实现校企无缝对接

对照《广东省国家示范校建设项目学校省内验收指标体系》，经过校内自查验收，学校自评97.8分。

"产教融合，双元育人"的探索与实践

党的十九大报告中明确提出，完善职业教育和培训体系，深化产教融合、校企合作。2019年2月13日国务院印发《国家职业教育改革实施方案》，提出了进一步办好新时代职业教育的具体措施，特别提到要促进产教融合，总结现代学徒制和企业新型学徒制经验，坚持工学结合；推动校企全面加强深度合作，打造一批高水平实训基地。当前，中国制造已经进入产业转型升级的关键时期，产教融合、校企合作既是服务产业高质量发展，也是提升职业院校办学质量的必经之路。

中山市沙溪理工学校依托当地休闲服装名镇的产业发展优势，对接产业办专业，专业对接产业链，以共建校企合作产学研工作室和生产实训车间为抓手，以规范校企合作过程管理为要求，以提升人才培养质量为目标，积极开展基于现代职教理念提出的"产教融合，双元育人"的人才培养模式的改革与实践。

一、"产教融合，双元育人"的提出与内涵

"产教融合，双元育人"是基于"做中学、做中教"的现代职教理念和情境学习理论提出的人才培养模式的改革与实践。

产教融合：指企业的生产与学校的教育教学相融合。学生在校学习阶段，将企业岗位从业标准和工匠精神、职业素养融入人才培养全过程。将企业岗位从业标准作为职业能力培养的依据，企业文化是人才培养过程中职业

素养形成的基础。具体来说，就是要实现专业与产业对接、课程与岗位对接、教材与技能对接、教室与车间对接、教师与师傅对接、教学过程与生产过程对接、行为习惯与职业素养对接、毕业证书与资格证书对接。

双元育人：双元是指参与校企合作的双方，即学校和企业，是培养学生的双主体。共育是指在人才培养过程中，学校与企业要做到培养方案共商、培养过程共管、培养效果共评、培养成果共享，最终实现人才校企双元共育，校企深度合作。

二、"产教融合，双元育人"的探索与实践

目前中山市沙溪理工学校各专业已建成了一批校内实训中心、产学研工作室、生产实训车间和校外实习基地。校内产教融合校企合作机构共有五个：广东省服装职教集团、中纺标CTTC中山服装检测中心、中山市休闲服装工程研究开发中心、中山市服装设计师协会、中山市尚道毛织服装创新设计中心。同时，中山市沙溪理工学校还与中山英仕服装有限公司等26家企业合作建立了校外实习基地，共同培养技术技能型人才。我们充分利用并整合这些校内外资源，开展深度校企合作，实践"产教融合，双元育人"的人才培养模式。

（一）引企进校，把课堂搬进工作室和车间

近年来，我校与企业共建产学研工作室和生产实训车间。把作品转化为商品，教学改革取得新突破，不仅打破了传统的教学模式，还在生产性实训中推进了专业教学的全方位改革。具体表现在以下五个方面。

1. 改革教学模式

我校根据产业链的岗位要求，引企进校，建造产学研工作室和生产实训车间，让学生在真实的企业生产环境里学习——"做中学"，让教师在生产性实训中"做中教"。专业教师与企业技师共同参与对学生的教学实训指导，校企共育与产业要求相适应的技术技能人才。

2. 改革教学方法

全面推行"项目教学法"、理实一体化教学，如英仕婚纱晚礼服生产工作室是围绕婚纱晚礼服的制作与生产工艺开展项目教学；尚道针织服装工作室是围绕针织服装的款式设计、制版和生产开展项目教学；汽车维修中心是围绕各类车型的故障进行机电、钣金、喷漆等方面的维修和项目教学；多果电子商务中心是围绕企业代运营实战电子商务业务来开展项目教学；等等。把专业课的实训教学放在校企合作产学研工作室和生产实训车间中进行，以工作任务为驱动，开展项目教学，强化学生技能训练，着力提高学生的岗位技术和技能水平。

3. 改革教学内容

我校构建校本课程，开发校本教材，定制出以生产流程为主导的模块式课程，使教学内容更贴近企业、贴近生产，如服装专业把校企合作中有代表性的三维人体测量试衣系统、格博服装设计CAD、数码印花等先进的技术或工艺引入课程和教学内容中，让学生有机会学到这些新技术、新工艺。同时，根据改革的课程和教学内容，组织专业教师和企业技师共同开发校本活页式教材、实训手册与工作任务单。总之，各专业在与企业合作中都积极利用企业技术和技能资源来改革教学内容，让教学内容对接岗位要求。

4. 改革评价模式

学生行不行，企业有话语权，让企业技师参与对学生的评价。在产学研工作室和生产实训车间实行"双师"指导，即企业师傅与专业教师共同指导学生的实习实训。同时，把学生分成若干个项目小组，通过学生完成项目任务的情况来考评其技术、技能水平。如婚纱晚礼服设计制作小组，西装、制服设计制作小组，休闲T恤设计制作小组，时尚女装设计制作小组等，在专业教师和企业技师的带领下完成从设计、选料、制版、工艺、质检到产品推广等各个生产环节的项目实训，而考核评价的方式则是在最后举办一场服装发布会，广邀企业家、设计师以及企业生产技术和管理人员做评委，现场打分，如果学生设计制作的服装版式被企业选中，则这个项目的学生考核评价得分最高。

5. 改革教学手段

充分利用互联网和学校教学信息化平台，既可下载网上资讯，也可把校企合作生产实训车间和产学研工作室里开展的项目教学、岗位技能训练、生产流程等拍摄成教学视频，上传到学校教学资源库平台，教师可随时调用这些教学资源来辅助教学，学生也可随时利用互联网进行网络学习，大大提高了课堂教学效果和效率。

（二）打造专业教师队伍

专业教师到企业实践，企业师傅做学校兼职教师，打造"产教融合，双元育人"的专兼职"双师"素质专业教师队伍。

学校高度重视"双师"素质专业教师的培养，全面落实专业教师到企业参加生产实践的相关政策要求，所有专业教师每年均要到企业参加生产实践。主要形式包括脱产到校外企业参加生产实践以及在校内校企合作工作室和生产实训车间参加项目实践。通过完成校企合作项目，不仅提升了学生的技能水平，也促进了专业教师的成长。目前，全校各专业"双师型"专业教师比例达到专任专业课教师的90%以上，基本形成了持续培养"双师"素质专业教师的长效机制。专业教师到企业实践也让部分专业教师迅速成长，成为企业聘用的高技能人才，如服装专业杨珊、高佳杰、徐璐等老师已成为广东省十佳服装设计师，袁超老师成为全国十佳制版师，何静林老师成为全国职业院校服装名师，他们均兼任校企合作企业服装品牌设计师。

同时，我校还聘请了23位企业技术和管理人员担任学校各专业校企合作工作室与生产实训车间的兼职教师，他们与学校教师共同指导学生，让学生在完成生产任务的过程中学习和掌握技术技能。

（三）牵头成立行业协会，搭建产教融合校企合作平台

为推动学校与行业协会的合作，我校主动牵头发起成立了中山市服装设计师协会，协会吸纳了近400名服装设计师为会员，每年协会都要组织设计师、服装商会、企业举办产品发布与展示、设计师沙龙、服装新技术新设备

推广交流等活动，让学校师生能及时了解行业、企业的发展动态，也为学校产教融合、校企合作搭建了很好的平台。

（四）开展产学研合作，将专业与产业、企业深度融合

近年来，我校以研发中心、设计师协会、检测中心等为校企合作产学研合作平台，先后与中国纺织科学研究院、上海和鹰机电科技有限公司、中山市英仕服装有限公司等多家科研院所及行业、企业开展全面、深度和高端校企产学研合作，为中山市及区域服装企业输送技能人才和提供新产品设计开发、精益生产、服装检测、电子商务与员工培训等服务，全方位推进专业对接产业链，专业与产业企业深度融合。

（五）增强专业对行业、企业的影响力

我校积极承办和参与行业、企业各类活动，如已连续举办了七届行业服装设计大赛及服装产业高峰论坛，在区域内乃至国内都产生了广泛的影响，增强了专业对行业、企业的影响力。

（六）促进校企合作和产教融合

与区域行业、企业和职业院校合作，牵头成立服装职教集团，促进了区域职业院校与行业、企业的校企合作和产教融合。

在广东省教育厅的支持下，我校牵头成立了广东省服装职业教育集团，成员单位包括开设服装专业的省内职业院校、知名服装企业、服装行业协会等，通过校企合作共同打造集产品开发、人才培养、科技推广、产品展示于一身的公共服务平台，带动区域职业教育发展，促进区域职业院校与行业、企业的校企合作和产教融合。

（七）与高校合作建立纺织服装学院，提升专业人才培养层次

沙溪作为中国休闲服装名镇，产业的转型升级和发展对技能人才的要求越来越高，我校在2012年12月与中山职业技术学院签订合作协议，共同建立了沙溪纺织服装学院，为区域服装产业培养高技能人才。

三、"产教融合，双元育人"的改革与实践取得的成效

（一）使校企合作操作程序更规范，管理更严格

我校的校企合作实践与探索前后已走过了20多年，从初期的"单相思"、中期的"双人舞"，到今天的"两情相悦""产教融合"，逐步形成和完善了产教融合、校企合作"五步走"的操作程序。随着校企合作的深度开展，要求程序更规范，管理更严格，学校因此制定和完善了《中山市沙溪理工学校校企合作管理制度》。

（二）专业吸引力增强，招生就业两旺

多年来，通过实施"产教融合，双元育人"，打响了学校品牌，增强了专业吸引力，形成了"进口旺，出口畅"的招生就业良好局面，毕业生双证率100%，就业率100%，专业对口率85%以上。

（三）打造了一批产教整合实训基地，提升了专业实训能力和水平

通过实施"产教融合，双元育人"，引进了企业资源，共建了一批高水平的校企合作实训基地（中心），打造了一批产教融合实训基地，如中央财政支持建设的服装专业实训基地，学校与中纺标检验认证股份有限公司合作建设的CTTC中山服装检测中心，学校承办的中山市休闲服装工程研究开发中心，学校与多果电商合作建设的十点钟电子商务中心等，由此提升了专业实训能力和水平。

（四）提升了教学效果和质量，教学改革成效明显

在"产教融合，校企合作"的产学研工作室和生产实训车间，实施项目教学，在信息化手段的辅助下，让教学在真实的生产性实践中开展，"学校教师+企业技师"共同指导学生完成项目任务。学生学得好不好，教学质量行不行，学生的作品是最好的检验。这样的教学模式能充分激发和调动学生学习的积极性，学生的技能水平提升快，学生愿学、乐学、易学，从而全面提升了教学效果和质量，教学改革成效非常明显。

（五）促进了信息化资源平台的建设

我校各专业在推进基于"产教融合，双元育人"的教学改革过程中，开发了一系列与企业岗位从业标准对接的校本课程和教材，教师主编或参编出版教材27本、校本教材32本，建成了全校各专业教学信息化资源平台。

（六）培养出大批优秀学生，提高了人才培养质量

通过实施"产教融合，双元育人"模式，学校的人才培养紧密对接行业、企业和社会需求，产学研工作室和生产实训车间的专业教学与技能训练追求"专、精、高"，使学生掌握专业技能并可灵活运用。

（七）取得了丰富的产学研成果

"产教融合，双元育人"模式取得了丰富的产学研成果，成效特别突出的方面是为合作企业完成了一系列新产品的研发和制版，如尚道针织服装设计制作工作室，每年都为合作企业开发设计四个季度的服装样板。产品投入市场后反响非常好，产品的订单和销售额大幅上升，合作企业发展态势良好，这充分说明了中职学校的师生在校企合作、产教融合中大有可为，也大有作为。另外，工作室的师生还取得了其他诸多研发成果，如服装专业相关工作室近六年来成功申报外观设计专利达126个。

（八）提升了中职学校服务社会能力

我校各专业在与行业、企业的校企合作过程中不断深化产教融合，不断提升对行业、企业和社会的服务能力，除了为合作企业提供产品开发、样板制作、小批量生产、维修维护等服务外，还积极参与对行业、企业员工和社会人员的专业技能培训，如电子商务工作室在近两年共为沙溪镇企业和社会人员开办了30期培训班，培训人员达2000人，为当地的经济社会发展做出了积极的贡献。

学校与中纺标检验认证股份有限公司合作建设的CTTC中山服装检测中心，为中山市及周边区域纺织服装企业提供权威、高效、便捷的纺织服装产品检测和认证服务。

由于学校开展产学研合作成效突出，受到中山市政府的高度肯定，被授

予中山市科技奖励最高奖——产学研合作奖。

（九）营造了以工匠精神为核心的职教学校文化环境

我校各专业通过实施"产教融合，双元育人"模式，以产学研工作室和生产实训车间为阵地，积极营造以工匠精神为核心的职教学校文化环境，把对职业敬畏、对工作执著、对产品和服务追求完美的价值取向作为人才培养的目标与追求，为学校的文化建设增加丰富的内涵，如服装专业民族服饰工作室师生协助学校完成了学校民族服饰博物馆的建设，馆中丰富的展品和图文资料为全校师生提供了宝贵的文化及精神营养。

（十）产生了一批产教融合校企合作的典型案例

在开展"产教融合，双元育人"的探索和实践过程中，各专业教师不断改革创新、勇于探索、积极实践，总结出了丰富的典型案例，这些典型案例示范作用明显，有较大的学习和借鉴价值，其中，"'专业对接产业链'服装专业人才培养模式的改革与实践"成果获得了2014年国家级教学成果奖二等奖，"基于工作室的中职专业课教学改革与实践"成果获得了2017年广东省教育教学成果奖一等奖。

四、"产教融合，双元育人"的主要创新之处

（一）理念和实践的创新

"产教融合，双元育人"就是对接产业办专业，面向市场育人才，将企业岗位从业标准和企业文化融入人才培养的全过程，实现产教融合、校企深度合作，全方位推进教学改革，是中职产教融合、校企合作办学机制理念和实践的创新，被誉为广东中职教育产教融合、校企合作的升级版。

（二）"产教融合，双元育人"具有广泛的示范推广作用

"产教融合，双元育人"在我校服装专业的实践中效果显著，带动了全校各专业校企合作的深入开展，并在全省乃至全国中等职业学校中都产生了广泛影响。

"产教融合，双元育人"是中等职业教育产教融合校企合作办学机制理念

和实践的创新，被作为广东省中等职业教育人才培养模式与教育教学改革的典型案例和经验向全省推广，具有广泛的推广示范意义。但不可否认的是，当前，产教融合、校企合作仍然是众多中职学校改革与发展的瓶颈，产教融合、校企合作办学机制的构建和实施还面临许多困难与问题，"产教融合，双元育人"还需要进一步完善理论指导，为此，我们将继续开展深入研究和实践，为中等职业教育产教融合、校企合作的全面实施提供经验和案例。

第二章

信息融合，
教育赋能

信息化条件下中职专业课工作室
课堂模式的教学改革

当今，以信息化应用为手段全面推进中职学校教育教学改革已成必然之势，数字化课程学习系统的建设和使用不仅聚焦课堂，而且在改变课堂、提升课堂。我校在多年教学的改革中成功实施和推行了专业课教学的工作室课堂模式，尤其是近年来数字化课程学习系统在工作室课堂的应用和推广，更让我们的专业课课堂教学充满了智慧和活力，更被师生所喜爱，也更加确保了课堂教学效果与教学质量的稳定和提升。同时也形成了我校具有特色的"信息化条件下的工作室课堂模式"。

一、什么是工作室课堂模式

工作室课堂模式，就是工作室与课堂教学的有机结合，就是把专业核心模块课程的课堂教学放到工作室中去，在工作室课堂中开展项目教学、生产性实训、跟岗和顶岗实习，学生在工作室课堂中"做中学，学中做，学做合一"，在"学校教师+企业师傅"的共同指导下完成专业知识、专业技能的学习、实训乃至跟岗和顶岗实习。同时，工作室课堂也是专业教师工作的办公室、课室和实训室，是三室合一的工作环境，在工作室课堂里，教师不仅可以备课、教学和指导学生实习实训，还可以进行校企合作。工作室课堂颠覆了传统的"课室理论教学，实训室验证学习"的教学模式，实现了专业设置与产业需求对接、课程内容与职业标准对接、教学过程与生产过程对接，加强了教学与市场的联系，缩短了专业教学与企业生产的距离，从而全面提高了人才培养的质量。

二、什么是信息化条件下的工作室课堂模式

信息化条件下的工作室课堂模式是数字化课程学习系统与工作室课堂模式的深度融合，可为学生提供优质、互动、可以满足虚拟仿真操练的学习资源，示范学习过程，构建在信息技术支持下以学生为中心的学习环境，支持学生的研究性学习，实现翻转式教学模式。

信息化条件下的工作室课堂模式聚焦的是中职专业课的课堂，期望达到的目标是全面提升工作室课堂教学效果和教学质量，所以在工作室课堂教学的课前、课中以及课后的整个教学过程中均全方位融入数字化课程学习系统的使用，也只有数字化课程学习系统所具备的教学资源查询与管理、教学视频录播与存储、虚拟仿真、课堂交流讨论、教师答疑、作业提交、在线测试、学习评价、校企连线等功能可以有效地化解中职专业课教学与实训中普遍遇到的难点，全面地呈现和提升工作室课堂模式的教学效果与教学质量。

三、信息化条件下的工作室课堂模式的实施及成效

（一）信息化条件下的工作室课堂是教师组织教学的智慧课堂

信息化条件下的工作室课堂要求教师在组织教学的各个环节全面地使用数字化课程学习系统。

1. 课前

教师要在数字化课程学习系统中预先准备好所需的教学资源，并指导学生用各自的账号登录学习系统，打开相应的教学资源，可通过查阅和观看本课程的教学设计、PPT课件、微课、教学视频等进行自主学习。

2. 课中

利用教学视频录播系统，一方面将教师或企业师傅的示范操作实时转播

到学习系统上，供学生实时观看，同时将这一示范操作视频录制存储起来作为教学资源，针对其中的操作难点还可以利用慢进、快进、回播、暂停等功能反复观看和学习，学生在小组实操时还可将实操过程录制下来，或把最后的作品拍成照片作为作业在线提交给教师检查和评价。

3. 课后

学生可在任何时间和地点通过电脑或手机等终端设备进行在线学习，或与同学、老师、企业师傅进行在线交流，甚至还可以连线校企合作的企业对学生作品进行远程评价等。如此，数字化课程学习系统的使用不仅提高了课堂教学效果，而且让教师在组织教学时更加充满智慧与活力。

（二）信息化条件下的工作室课堂是学生自主学习的课堂

工作室课堂采用的是项目教学、生产性实训，是以企业产品生产为项目任务，教学在完成真实产品的开发或生产中进行，对岗位技能要求较高，专业知识要求较广。例如，在我校服装专业的英仕婚纱晚礼服设计制作工作室里，学生除了要学习婚纱晚礼服的设计、结构制图、缝制工艺等专业核心课程，还要学习服装材料，服装跟单，排花、钉珠，服装生产管理，质检等相关课程或技能，甚至还要学习企业文化、职业规范以及班组同事间团结协作等内容。因此，工作室课堂的教学内容是开放的、综合的、扩展的。

在工作室课堂中引入数字化课程学习系统，学生可以用各自的账号登录系统，利用系统所提供的丰富的课程教学资源开展自主学习，通过查看专业课程教学内容、反复观看教师或企业师傅的操作演示视频来实施专项技能操作。例如，因对服装专业的婚纱晚礼服制作技能要求高，工艺环节多，通过数字化课程学习系统可以反复地学习，甚至可以在课后的任何时间、任何地点通过手机等移动终端进入系统进行自主学习；也可以通过系统的交互功能在自主学习的过程中与老师、企业师傅、同学乃至其他人进行互动交流，解决疑难问题；还可以通过系统的录播功能把自己操作的过程或完成的作品录成视频或图像，在系统平台上提交，让老师或企业师傅进行实时或远程评价。

（三）信息化条件下的工作室课堂是开展开放环境下实训的课堂

在信息化条件下的工作室课堂，由于全面推行项目教学和生产性实训，教学过程对接生产过程，教学在完成真实产品的开发或生产中进行，因此，教学和实训的成本相对较高。例如，制作一件婚纱晚礼服，不仅对材料成本要求高，而且对质量要求也高，次品虽不可避免，但次品率也不能太高，如何解决这一难题？数字化课程学习系统中提供的虚拟仿真功能是解决这一难题的有效方法，利用虚拟仿真功能可在计算机上预选各种面料进行效果模拟，甚至可以开发出专门的试衣系统，从中选择最佳的产品效果，把设计开发成本降到最低。同样，在汽车维修的实训中，我们也会遇到类似的问题，要维修的真实车辆是有限的，而故障是各种各样的，这就需要让学生更多地了解各类车型的各种不同故障的特征以及故障的判断和处理方法，利用数字化课程学习系统中提供的虚拟仿真功能就可以预设各类故障供学生去判断和处理。结合真实的生产性实训，信息化条件下的工作室课堂就可以开展"虚实结合"的开放环境下的实训。

（四）信息化条件下的工作室课堂是专业对接产业、对接岗位、对接前沿的课堂

在信息化条件下的工作室课堂，利用数字化课程学习系统可以实现与企业的互联互通、远程交互以及资源共享；也可以根据教学需求，引进企业项目，教师带领学生与企业合作开展项目研发、产品生产等工作，使师生的作品转化为企业的产品，再转化为市场的商品。例如，我校服装、工艺美术专业的很多工作室都可以给企业设计开发新产品、制作样板等，项目任务的完成既培养了学生，也让专业教学和专业发展更加对接产业、对接岗位需求。同时还可以将网上大量与专业课程内容相关的产业发展前沿资讯下载下来作为教学资源存入数字化课程学习系统中，供师生随时查阅和学习。例如，收集每年的巴黎时装周、米兰时装周、北京时装周等流行趋势发布会的资讯，让学生在工作室课堂里就能了解世界知名服装名牌及产业发展的动态和前沿。

（五）信息化条件下的工作室课堂是教师信息化教学能力不断提升的课堂

信息化条件下的工作室课堂对教师的信息化教学能力提出了更高的要求，尤其是教师开展信息化教学的意识和教师的信息技术运用能力，不是仅仅会做电子教案、PPT课件或是会录播视频和使用教学资源库等就可以了。从长远来看，教师信息化教学能力提升要经历三个阶段，即从"技能形成"教育阶段，到"能力培养"教育阶段，再到"知识创新"教育阶段。在"技能形成"教育阶段，重点要掌握信息技术和装备在教学中应用的基本方法，获取、选择、应用优质教学资源，破解教学瓶颈难题；在"能力培养"教育阶段，主要是将信息技术与装备的应用和教学过程深度融合，并提供优质、互动，可以满足虚拟仿真操练的学习资源，选择最恰当的教学方法以适应不同专业的教学需要；在"知识创新"教育阶段，则主要是在信息技术的支持下构建以学生为中心的学习环境，示范学习过程，支持学生的研究性学习，实现翻转式教学模式。信息化条件下的工作室课堂要求教师努力从"能力培养"教育阶段向"知识创新"教育阶段进阶，因此，信息化条件下的工作室课堂更是教师信息化教学能力提升的课堂。

数字化课程学习系统的建设与使用促进了教学信息化的全面应用和推广，推动了中职专业课教学的改革，提升了教师信息化教学的意识和信息技术应用能力，更重要的是保证了学生在工作室课堂能按照自己的学习进度和学习特点进行专业学习与实训，教师通过熟练地使用数字化课程学习系统，指导好学生的学习过程，以确保学生保质保量地全面完成学习任务，真正提高工作室课堂模式的教学效果和教学质量。

基于B/S结构校企合作资源平台的设计与实现

一、校企合作资源平台开发的背景、意义及现状

（一）背景

2014年6月，《国务院关于加快发展现代职业教育的决定》中明确指出，现代职业教育必须要走产教融合、校企合作之路。当前，迫切需要开发以信息技术支持的校企合作资源平台，将职业院校、指导教师、实习学生和合作企业连接成一个有机的整体，以方便学校与企业在就业招聘方面资讯的发布和交流，加强学生顶岗实习过程的管理和信息反馈，从而提升校企合作的工作效益。

（二）意义

校企合作资源平台的开发和应用能改变原来靠收集纸质材料或磁盘文件的单一低效工作的模式，对教学管理、师生交流以及学校与合作企业的协调与沟通有益，可提高工作效率，为校企的深度合作和产教融合提供了极大的便利。同时，通过对平台中的数据分析，为学校、企业和学生等各方提供帮助，尤其是能为学校的教育教学改革提供依据，推动职业院校教育教学改革和办学质量的提高。

（三）现状

目前，国内职业院校校企合作情况参差不齐，因此校企合作资源平台的开发和应用相对较少，可借鉴的成熟的校企合作资源平台就更少，为了促进校企合作的深入开展，校企合作资源平台的开发和应用势在必行。

二、校企合作资源平台的需求分析

（一）用户角色

校企合作管理系统主要包括三类用户：第一类是普通用户（非会员），第二类是注册用户（会员），第三类是管理员。管理员具有管理权限，能对管理系统的人员和信息进行管理与维护；注册用户分为学校、企业、应届生，三者发布不同的信息；普通用户只能浏览网站发布的信息，如图2-1所示。

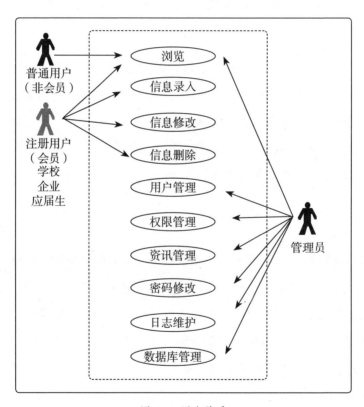

图2-1　用户关系

（二）功能需求分析

（1）系统管理员通过后台页面登录后台管理模块，一是用户管理，用户包括学校、企业和应届生。二是资讯管理，包括资讯信息的发布和在线咨询管理等。三是案例管理，包括查看操作日志、修改管理密码等。四是数据库管理，包括数据库的备份、压缩、恢复等操作。系统信息管理模块功能结构如图2-2所示。

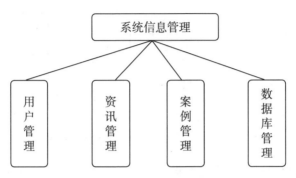

图2-2　系统信息管理模块功能结构

（2）学校通过前台主页登录后，进行应届生管理，功能主要有：一是应届生管理，包括对应届生的增、删、改等操作，同时可以批量导入应届生。二是实习安排，即根据企业的需求安排应届生到企业去实习。三是就业指导。四是与企业交流，共同管理好实习生。学校管理模块功能结构如图2-3所示。

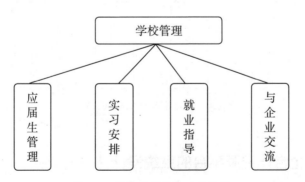

图2-3　学校管理模块功能结构

（3）企业通过前台主页登录后，根据企业实际情况，将企业管理分为以下四点：一是发布招聘职位；二是学生简历管理；三是对实习生进行管理，回复实习生的评价；四是与学校保持在线交流，共同完成应届生实习期间的管理工作。企业管理模块功能结构如图2-4所示。

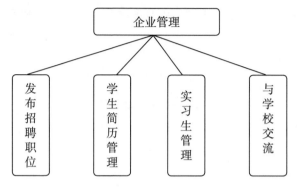

图2-4 企业管理模块功能结构

（4）应届生通过前台主页登录后，其管理主要包括以下四点：一是可以维护自己的简历和求职信；二是搜索并申请自己感兴趣的职位，发送简历到相应企业；三是填写实习总结；四是进行实习评价。应届生管理模块功能结构如图2-5所示。

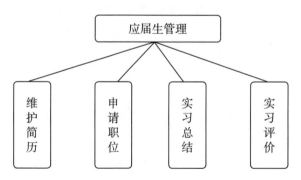

图2-5 应届生管理模块功能结构

三、校企合作资源平台的系统设计

（一）系统体系结构设计

在整个软件开发过程中，软件体系结构的设计是关键。C/S体系结构和B/S体系结构是当前管理软件技术的两大主流技术架构，本系统开发采用B/S体系结构。

B/S结构（Browser/Server，浏览器/服务器模式）这种模式将系统功能实现的核心部分集中到服务器，简化了系统的开发、维护和使用。客户机上只需安装一个浏览器（Browser），如Internet Explorer，服务器上安装Oracle、Sybase或SQL Server等数据库。浏览器通过Web Server与数据库交互数据。这样可大大简化客户端电脑负荷，同时也减轻了系统维护与升级的成本和工作量，降低了用户的总体成本。B/S三层体系结构如图2-6所示。

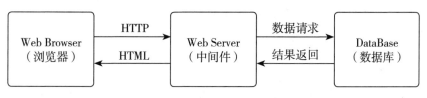

图2-6　B/S三层体系结构

（二）系统功能模块设计

1. 系统架构设计

校企合作资源平台的逻辑结构主要由三个层次组成：应用层、逻辑层和数据层。各个层次相互作用、相互依存，但每个层次都无法独立完成系统既定的任务。

应用层主要包含与本系统有关的人群：教师、企业和应届生。应用层完成数据的初始化、维护和管理。逻辑层实现逻辑处理，任务的实现，也就是校企合作的实现。数据层实现数据的集成，包括一组数据结构及存储在数据结构中的数据，主要由相关信息组成，也就是架构本系统的数据库。

2. 前台管理功能设计

（1）资源平台展示模块。

本模块包括校企动态、实习实践、企业风采、求职招聘、就业指南、政策制度、通知公告等子模块，通过这些模块能很好地展示校企合作的成果，推广校企合作模式；给企业招聘和应届生求职提供一个很好的交流平台，并给应届生提供就业指导。

（2）用户登录模块。

用户分为学校、企业、应届生，采用验证码验证，随机产生四位整数，防止黑客通过SQL注入，获取密码，防止流氓软件无限制地注册。用户可以重新登录系统，可切换用户。如果登录时忘记密码的话，可以根据姓名和邮箱找回密码。

（3）企业招聘模块。

企业若要招聘人才，首先需要注册一个用户名，待管理员审核通过后，企业用户便可登录平台使用"新增职位"功能，发布招聘职位信息到网站上；招聘企业需要管理自己发布职位的信息，因此需要"职位管理"功能；而为了快速地从大量求职人员中找到合适的人才，还必须提供"简历管理"功能，以方便管理和查询；招聘企业若对某份求职简历感兴趣，可以将其放入"人才收藏夹"中，以供日后选择；本系统还提供实习生管理和评价管理等功能。

（4）应届生求职模块。

应届生若要求职，首先需要注册一个用户名，待管理员审核通过后，应届生用户便可登录平台，利用"我的简历"功能创建简历；应届生用户可以通过"搜索职位"功能，设置相应的条件进行查找，找到适合自己的职位然后向企业投放简历申请职位；如遇到某个职位尚未决定是否投简历，可以先对其"加关注"，放入"我关注的职位"中；应届生用户可以查看实习的企业，并对实习做出总结和评价。另外，应届生用户还可以对自己的基本资料、密码、求职信等进行维护。

3. 后台管理功能设计

在本系统中，管理员设置为只有一个，他可以对学校信息、企业信息、应届生信息、资讯信息、管理员密码、数据库进行修改和维护。管理员主要完成如下几项模块操作。

（1）学校管理：通过该功能模块，管理员能够查看学校信息，以及对学校信息进行添加、更新、删除。

（2）企业管理：通过该功能模块，管理员能够查看企业信息，以及对企业信息进行添加、更新、删除。

（3）应届生管理：通过该功能模块，管理员能够查看应届生信息，以及对应届生信息进行添加、更新、删除。

（4）资讯管理：通过该功能模块，管理员能够查看资讯信息，以及对资讯信息进行添加、更新、删除。

（5）管理员管理：通过该功能模块，管理员能够更新管理员密码。

（6）数据库管理：通过该功能模块，管理员能够对数据库进行备份、压缩、还原等操作。

（三）数据库设计

1. 数据库概念结构设计

针对校企合作管理系统数据库中应届生、企业和学校三类对象各自的属性与相互间的联系，绘制了相应的E-R图，如图2-7所示。

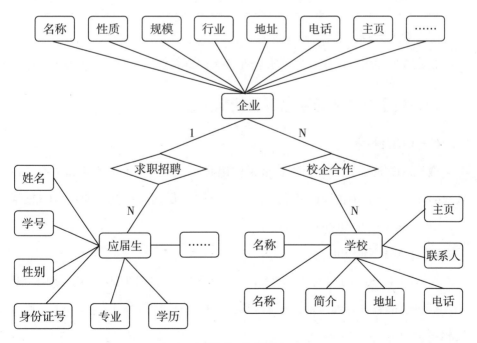

图2-7　E-R图

2. 数据库逻辑结构设计

数据库的逻辑结构设计就是把概念结构设计阶段设计好的基本E-R图转换为与选用的DBMS产品所支持的数据模型相符合的逻辑结构。通过需求分析和对功能扩展的考虑，对校企合作资源管理系统数据库的数据项和数据结构进行设计。

（1）管理员数据库表（admin）。

管理员数据库表，存储登录网站管理后台的管理员账号和密码，其中密码使用MD5加密方法加密存储。具体字段描述见表2-1。

表2-1　管理员数据库表

字段名称及含义	字段类型及精度	数据说明	是否PK	备注
U_id	Int（4）	NOTnull	P	管理员编号
Username	Varchar（50）	NOTnull	—	管理员登录名
Password	Varchar（50）	NOTnull	—	登录密码

（2）企业数据库表（enterprise）。

企业数据库表，用于存储所有企业会员的资料信息。具体字段描述略。

四、校企合作资源平台开发的相关技术

（一）NET技术

微软.NET框架基于开放编程框架构建而成，向用户提供创建和运行新一代Windows网络应用程序的便利，微软的.NET提供的关键技术为：.NET框架（.NET Framework）和Visual Studio.NET。

（二）ASP.NET4.0

在.NET Framework4.0版本之上，微软发布了ASP.NET4.0版本。使用ASP.NET4.0提供的各种方便又实用的新功能，用户将能轻松地开发/升级出高质量的程序。

（三）C#语言

C#是一款专门为.NET Framework软件设计环境量身定做的面向对象的程序设计语言。C#集成了C/C++程序设计语言的优势和强大功能以及Visual Basic程序设计语言的简便易用性，引领了程序设计语言领域组件设计开发趋势和方向（Component oriented），而与C++和Java类似，C#也是面向对象的（Object oriented）程序设计语言，唯一不同的是C#开发的程序只能运行在Windows环境下。

（四）SQLServer数据库

校企合作资源平台针对的是中职学校、企业和学生，因此涉及的人数多、资源多，相应需存储的数据也会越来越多。为了方便数据的存储，本系统选用目前功能最强大的版本SQLServer2008作为数据库的开发平台。

五、校企合作资源平台主要功能模块的实现

（一）注册登录模块

用户为普通用户时，可选择相应的角色，主要包括学生、教师、企业管理员和系统管理员。根据用户的权限，实现验证用户名和密码校正，验证正确后登录相应权限的管理页面。

除了普通用户外，其他所有用户进入系统都需要登录，在系统登录页面中，用户身份分为应届生、教师、企业和管理员。登录时输入用户名和密码，通过系统身份验证后，系统会根据你选择的身份进入相应的登录界面。

如果一家企业与学校达成校企合作意向，便可以在该平台注册一个该企业的用户，等后台管理员审核通过后，企业用户即可登录系统。

（二）企业管理页面及其基本功能的实现

1. 企业管理主界面

企业用户通过系统前台页面的登录模块登录成功以后，进入企业用户管理的主界面。企业管理具有职位管理、简历管理、实习管理、评价管理、设置中心等功能设置，企业用户可以在此发布职位、管理应聘者的简历、管理

实习生、修改密码等。

2. 职位管理

企业用户选择职位管理，可以通过职位列表列出本企业发布的所有职位，并可新增、修改、暂停申请职位。

3. 简历管理

企业用户选择简历管理，可以接收应聘者的简历并查看，觉得合适的应聘者可推荐给相关部门进行面试，同时可以进行收藏、过滤、删除、搜索简历等操作。

4. 实习管理

企业用户选择实习管理，通过实习生在实习期间的表现，可以对其进行评分和评价，学校通过企业评价可以了解实习生在企业的实习过程和表现。

5. 评价管理

企业用户选择评价管理，可以查看实习生对企业的评价并做出回复。

6. 设置中心

企业用户选择设置中心，可以修改企业用户个人信息和密码。

（三）学校管理页面及基本功能的实现

学校管理具有应届生管理、实习安排、就业指导等功能设置，学校用户可以对应届生进行管理，给应届生安排实习，并联合企业对应届生进行在校就业指导。

1. 应届生管理

学校教师登录成功后，能对应届生信息进行管理，包括应届生的增加、删除、修改等操作，同时支持应届生的批量导入。

2. 实习安排

应届生可以自己应聘企业发布的职位，在自己找不到合适的企业时，学校教师可以根据应届生的实习意向给应届生安排实习企业及职位。

3. 就业指导

学校教师广泛收集相应的就业信息，尤其是招聘信息，可以从网络、报刊、广播电视、职业中介机构、劳动力和人才交流市场，也可托熟人、亲戚朋友、同学等，多渠道获取求职信息，同时为学生与教师提供一个在线交流平台，让学生可以咨询与就业相关的问题。

（四）应届生管理页面及基本功能的实现

1. 应届生管理主界面

应届生用户通过系统前台页面的登录模块登录成功以后，进入应届生用户管理的主界面。应届生管理具有简历维护、职位申请、实习企业、实习总结及评价、个人资料修改等功能设置，应届生用户可以创建自己的简历和求职信、搜索相关的职位并提出申请、填写实习总结、对实习企业做出评价、修改个人信息等。

2. 我的简历

应届生用户选择"我的简历"，可以创建自己的简历，并可进行复制、预览、修改、删除等操作。

3. 职位申请

应届生用户搜索企业发布的招聘信息，查找适合自己的职位并提出申请，然后等待企业的回复，如果企业同意该申请，应届生收到企业的确认回复后便可到企业实习。

4. 实习总结及实习评价

应届生在企业实习完成后要写一份实习总结，即对整个实习过程进行总结，并可对实习企业进行评价。

5. 个人信息维护

应届生可以维护自己的个人信息及密码。

（五）管理员页面及其基本功能的实现

管理员通过后台页面登录后台，能够实现以下四个方面的操作：一是对用户进行管理，包括学校、企业和应届生信息的修改与维护；二是对资讯进行管理，包括资讯信息的发布和在线咨询管理等；三是对系统安全进行管理，包括查看操作日志、修改管理密码等；四是对数据库进行维护，包括数据库的备份、压缩、恢复等操作。

1. 用户管理

管理员能够对学校、企业和应届生用户信息进行增加、删除、修改、查询、审核等操作。

2. 资讯管理

资讯管理实现了资讯分类、资讯信息和在线资讯的管理。

3. 系统安全管理

系统的安全涉及系统的可靠性，因此系统安全相当重要，系统安全管理包括系统管理员管理、查看操作日志和修改管理员用户密码。

4. 数据库维护

数据库维护包括数据库的备份、压缩、恢复、清除等操作。

六、校企合作资源平台的系统测试

项目一：资讯管理模块

企业管理员的登录界面，需查看是否能增加、删除管理资讯信息，尤其在编辑信息的时候，带星号的关键字，测试其空缺时会不会出现错误。

项目二：学生顶岗实习模块

指导教师根据学生上传的相关资料和数据进行实习评测统计，保存记录，查询该学生历史记录。

七、结束语

校企合作资源平台的开发运用了现代计算机技术、网络技术和软件工程技术。通过校企合作资源平台，实现了实习生简历对口投档，实习过程管理，企业招聘信息发布，提供教师、企业方在线填写评价，就业指导等功能模块，较好地解决了实际问题，为加强校企合作搭建了一个互动交流的平台。

校企合作资源平台的开发是一个复杂的系统工程，不仅需要软件工程理论的指导，还需要运用最新的计算机和网络技术手段，以及根据社会的发展进行再开发。例如，现在的人们尤其是学生群体普遍频繁使用手机这类移动终端设备，校企合作资源平台的下一步开发就要瞄准这一趋势，积极主动地开发出能在手机这类移动终端设备上使用的校企合作资源平台，那么，资源平台将更便于学生求职就业，更便于学校、企业等用户相关需求。

利用ASP技术，开发网上多媒体交互教学系统

一、基于Internet的网络教学模式

基于Internet的网络教学是一种不受时间、空间和地域限制的全新的教学模式，它的开发和应用正引发一场教学与学习的变革。

在基于Internet的教育网络环境下，可以最大限度地发挥学习者的主动性、积极性，既可以进行个别化教学，又可以进行协作型教学，还可以将"个别化"与"协作型"二者结合起来，所以是一种全新的网络教学模式。这种教学模式可以完全按照个人的需要进行，不论是教学内容、教学时间、教学方式还是指导教师都可以按照学习者的意愿或需要进行选择；教师也可以根据教学的需要开发出有特色的网上教学系统，或者选择相关的教学系统进行辅助教学，从而提高教学的效率。学习者可以在学校学习，也可以在家里学习。

由于这种教学模式能为学习者提供图文音像并茂的、丰富多彩的多媒体交互式人机界面，能为学习者提供符合人类联想思维与联想记忆特点的、按超文本结构组织的大规模知识库与信息库，可激发学习者的学习兴趣，并为学习者实现探索式、发现式学习创造有利条件，从而有可能在这种教学模式下，真正达到让学习者主动建构知识的目的，实现自己获取知识、自我更新，甚至创造新知识的理想目标。

二、ASP技术

ASP（Active Server Pages）技术对于Internet的发展可以说是一个里程碑技

术，在ASP技术之前没有一种可以支持所有浏览器的Web页制作方法，而使用ASP技术可以创建能被任何浏览器使用的巨大独立平台内容。从本质上讲，ASP是一种在服务器上的Web页脚本制作，当发生页面请求时，系统动态地判别这种脚本制作代码，并且将结果传送到调用它的浏览器上。

ASP的功能主要包括以下几个方面：

（1）处理由浏览器传送到站点服务器的数据输入。

（2）访问服务器数据库，完成对数据库记录的操作。

（3）读写站点服务器文件，以实现访客计数等功能。

（4）使用VBscript或JavaScript等语言，结合HTML快速编写站点应用程序。

（5）开发者可使用VisualBasic、Java、VisualC++等语言扩充站点功能。

ASP所产生的执行结果虽然都是标准的HTML格式，但ASP程序只能在网络服务器端中执行，所以要运行ASP，必须安装IIS（Internet Information Server）或PWS（Personal Web Server）操作平台。

ASP可以轻易地通过ODBC（Open Database Connectivity）驱动程序连接各种不同的数据库，如Access、FoxPro、dBase、Oracle等。另外，ASP亦可将文本文件或是Excel文件当成数据库使用。用户只要用浏览器（IE、Netscape或其他）就可查看、寻找、更新数据库中的数据。

在ASP网页中要存取网络服务器上的数据库，必须使用存取数据库的对象ADO（ActiveX Data Opjects），ADO是存取数据库对象的统称，我们用来存取数据库的对象主要有下列三种。

第一，Connection对象，负责与数据库实际的链接动作。

第二，Recordset对象，负责浏览与操作从数据库取出来的数据。

第三，Command对象，负责对数据库提供请求，也就是传递指定的SQL指令，即执行Action Query指令。

ASP除提供一种程序手段之外，还提供了一组内建对象以及部件，这些对象与部件可以完成非常强大的功能，诸如数据库连接、文件访问等功能。同时，用户还可以自行设计新的部件以满足特定的要求。

ASP内置对象有Server、Request、Response、Appliction、Session。

ASP内置部件有AdRotator、BrowerCapabilities、DatabaseAccess、ContentLinking、FileAccess。

ASP现在已经逐渐成为在Internet上运行的应用程序的理想选择。这主要是因为所有的浏览器都能浏览它，且ASP没有最小通用性的限制，因而可以为ASP的输出随意增加客户脚本，ActiveX控件和动态HTML，使我们能够很容易地编写并执行动态、交互式、高效率的站点服务器应用程序。同时，ASP的一个最大特点是客户永远看不到它的代码，而只能看到被各种浏览器识别的HTML。

三、系统（网站）的构建

系统（网站）硬件配置如图2-8所示。

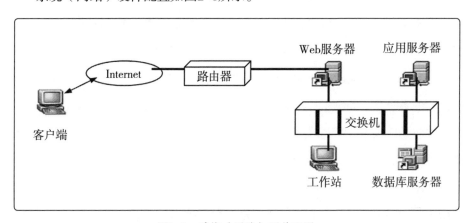

图2-8 系统（网站）硬件配置

（一）系统（网站）平台的选择

1. WWW服务器平台

采用Microsoft公司的IIS5.0（Windows2000）作为系统的WWW服务器平台。

2. 数据库服务器

数据库系统可选择Microsoft SQL Server6.5或Access2000。

3. WWW服务器与数据库服务器的互联

采用ODBC或OLEDB（Open Data Base Connectivity）作为数据库接口。

4. WWW应用的开发与调试

采用ASP和Dreamweaver4.0作为系统开发工具。

（二）系统（网站）的连线方式

若要建造一个IIS网站，以便执行IIS的ASP程序和数据库应用程序，可以采用的连线方式有以下四种，其中，前三种为Internet网站，第四种为Intranet企业内部网站。

（1）租用专线：购置服务器电脑（安装Windows NT Server和IIS或Windows 2000 Server）和路由器等设备，拉一条专线。

（2）虚拟主机：租用ISP（Internet服务提供者）主机的硬盘空间，需找到可执行ASP程序和数据库的虚拟主机，以及较大的硬盘空间，以安装日益膨胀的数据库。

（3）主机托管：自己准备一台服务器电脑，安装Windows NT Server或Windows 2000 Server和IIS，放置在ISP的机房。

（4）局域网络：准备一台安装有Windows NT Server或Windows 2000 Server和IIS的服务器电脑，连接到局域网络，作为Intranet的企业内部网络。

（三）系统（网站）设计

系统（网站）功能结构框如图2-9所示。

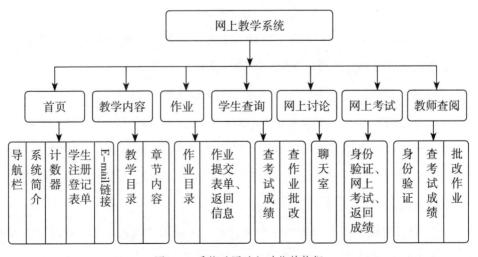

图2-9　系统（网站）功能结构框

（1）系统（网站）功能简介。

① 首页：有导航栏、系统简介、计数器、学生注册登记表单和E-mail链接等项目。通过导航栏可以进入其他各功能模块；学生注册登记表单为来访者提供注册登记，如在服务器端的学生数据库中有该生的资料，说明原先已登记，将返回其原有的学号，如果是新生，则在数据库中保存其相关资料，并按数据库中记录顺序自动给其分配一个学号；E-mail链接可直接给网站管理者或教师发E-mail信息。

② 教学内容：在教学内容目录区选择某一章节，即可显示指定章节的教学内容。

③ 作业：在作业章节目录区选择某一章节，即可显示指定章节的作业题，在作业提交表单中输入姓名、题号后，即可在答题栏中开始作答，答完后按提交按钮，如果是已注册的学生，则会将相关题目内容存入作业库中；如果是未注册的学生，则不能提交作业，作业一旦提交成功，系统会返回已成功收到该生作业的信息。

④ 学生查询：有查考试成绩和作业批改情况项目。进入该项后首先要输入姓名，进行身份验证，然后选择查找项目，按显示按钮即可显示出该生的考试成绩或教师批改的作业情况。

⑤ 网上讨论：进入聊天室时要先输入姓名，但不进行身份验证，按进入按钮即可进入聊天室。进入聊天室的人数没有限制，学生可就某问题发表各自的意见，也可作为教师对学生的辅导答疑区。

⑥ 网上考试：进行网上考试之前，先要输入姓名和学号进行身份验证，确认后方可进行考试。试卷从服务器题库中随机产生若干题组成一份试卷，每题若干分，以选择或判断题的形式供学生作答，完成后按提交按钮，系统将即时反馈学生答题情况和考试成绩，并将该生成绩存入学生库中，供学生或教师查询。

⑦ 教师查阅：本项目为教师专用，为避免使用"前进"和"后退"键进入，本项目单独另开一个窗口，如果要返回主页，需关闭窗口，进入本项目

前须录入教师姓名和密码进行身份验证。进入后有"查考试成绩"和"批改作业"两个供选栏目，其中查考试成绩有显示全部、按学号查和按姓名查三个功能，而批改作业有按题号批改和按姓名批改两个功能，可把作业库中学生提交的未批改的作业调出供教师批改并予以评分，批改后的作业存入作业库中，供学生查询。

（2）数据库结构：教师表（teacher）、学生表（student）、作业表（job）、试题表（exam）。（具体操作步骤略）

（3）程序代码设计。（具体操作步骤略）

（四）系统（网站）运行效果

（具体操作步骤略）

四、结束语

利用ASP技术，开发网上多媒体交互教学系统，既为学习者提供了一个交互的自主学习平台，也为教师创造了一个个性化、功能完善、拓宽教学视野的辅助教学环境，它将彻底变革传统的教学方式，提高人们的学习效率。

构筑教学开放模式，提高学生素质和能力

当今，计算机技术的发展一日千里，社会对计算机人才的需求越来越多，要求也越来越高，目前与这一发展紧密相连的职业中学电脑专业教育，无论是教学观念、教学计划、课程设置还是教学内容、教学方法等方面，都较大程度上滞后于市场和社会发展的需求。面对日益激烈的社会人才竞争，职业中学的电脑专业教育应如何发展，职业中学电脑专业毕业生如何才具有更强的生存、发展和创新能力，其根本出路在于必须全面提高学生的能力和素质。为此，我们对现行的三年制电脑专业教学进行了以"构筑教学开放模式，提高学生能力和素质"为内容的教改模式实验，其效果是明显的，它无疑对当前职业中学电脑专业教学改革是一种有益的探索和实践。

一、开放思想，转变观念，定位市场，学以致用

教育部《面向二十一世纪深化职业教育教学改革的原则意见》中明确指出，职业高中的培养目标可以概括为"培养同21世纪我国现代化建设要求相适应的，具备综合职业能力和全面素质的，直接在生产、服务、技术和管理等一线工作的应用型人才"。由此可见，教育尤其是职业教育应把培养学生素质和能力作为目标，把适应经济和社会发展需求、培养创新人才作为出发点，要克服传统应试教育的思维定式，一切远离素质教育要求、远离市场需求的职业教育是肯定没有生命力的。

10多年前，我校及市内一些学校的电脑专业在初办之时，因争市场之

先，也曾十分红火，大多数学生未毕业就已被用人单位争相录用，而且多是一些效益好的单位，但随着时间的推移和计算机应用的普及，这种优势已明显退化，即使我们把原有的内容，如高级语言的程序设计知识不断深化教学，但因为和市场的需求不相符，加之难学、难懂，其整体效果也不理想。面对困境，面对计算机技术发展所带来的机遇和挑战，我们唯一的选择是开放思想，转变观念，定位市场，学以致用，在培养人才的目标上必须适应计算机技术的发展和劳动力市场对电脑人才的需求，在教学观念、课程设置、教学内容和方法上构筑一个开放的教学模式，这样，我们才能提高学生的能力和素质，才能培养适应社会需求的创新人才。

二、制定开放的、动态的、适应社会需求变化的课程模块

目前，职中计算机专业课程结构相对较乱，没有一个与国际接轨和适应社会需求的课程体系，没有一个全面的专业课素质教育指引。职中课程设置有一类是依照中专、高校而定，这些课程理论性强、操作技能少，基本上就是高校课程的简易版；而另一类就是地区或学校自定，随意性较大，难免缺乏科学性和系统性。

从教育自身发展看，终身教育思想和素质教育思想正在逐渐取代传统教育思想，成为教育改革的指导理念，而现代计算机技术的飞速发展，又使教学媒体和教学方法产生了革命性的变化，因此，重新构建职中课程，用开放的、动态的、弹性化、个性化新课程体系代替刻板、僵化的旧课程体系，不但非常必要，而且是完全可能的。

所谓开放就是可接纳任何最新专业知识，而动态就是根据社会发展的近期和远期需求即时进行改变。根据目前职中电脑专业的特点，可将课程分为基础课和提高课、必修课和选修课、校内课和校外课。

基础和必修模块课程应是一种计算机素养课，它包括：①生存技能，如数据录入和处理、计算机及常用设备的使用和维护、信息的收集和整理、常用软件及工具的使用等。②计算机软硬件知识和技能，如计算机的用途、组

成和原理等。③应用技能，主要指应用软件的应用能力，如用Photoshop、CorelDRAW、AutoCAD等软件进行图形图像处理和绘图，用Authorware进行多媒体制作等。④基本的编程能力，编程是为将来部分同学成为程序员做准备，更重要的是为增强学生解决问题的能力做准备。这些课程完全能满足职中生考证及作为一个计算机从业人员的基本素质要求。

提高和选修模块课程包括：①高级应用技能，如应用软件的深入学习和应用，高级操作员级知识内容和技能。②中高级编程能力，如程序员、高级程序员的知识和技能。③计算机新技术，如网络技术、多媒体技术、三维动画、大型数据库技术等。④跨专业的课程模块，如会计、会计电算化考证的相关课程，工艺美术设计课程，外语及文秘类课程等。

校内和校外课的区别在于，校内课是已在校内开设的课程，它有教师的指导，需要在特定的时间内完成特定的内容，有明确的计划、目标和任务。而校外课则主要指学生在课余时间有目的或随意的自学内容，旨在加深对校内课的理解和掌握，或是拓宽知识面，提高自身素质。

三、引入开放的、适应社会发展需求的教学内容

我们应该客观地看到，有相当一部分的职中学生在初中时文化基础、理解分析能力和自学能力等都较差，进入职中后，既要他们完成相当于高中文化程度的基础文化课，又要学习掌握一定的专业基础知识和技能，确实勉为其难。而如果我们的专业基础和专业内容仍在讲授大量无用的枯燥理论，那么就会严重挫伤学生们本已十分脆弱的学习积极性和主动性，影响其对基本知识和技能的学习与掌握，影响其素质和能力的提高。另外，由于计算机技术的飞速发展，计算机知识的更新速度加快，即使同一课程，其知识内容也在不断变化，如果我们的教学内容跟不上这种变化，那么我们所培养的学生又如何能适应社会的需求呢？

因此，我们必须引入开放的、适应社会发展需求的教学内容。第一，要强化基础内容的学习，把真正属于基础性的内容精选出来，做到"用什么，

学什么"，如数据录入和处理、计算机软硬件知识、信息的收集和整理、应用软件的使用、基本的编程能力等，这些都是作为一个计算机从业人员最基本的技能和素质要求，不仅要学，而且要学好，要严格把好质量关，对于这些内容中的一些过深、过难、过于陈旧的知识，则应少讲或不讲。第二，要根据计算机技术的发展和社会的需求，把最新的计算机技术知识（如各种常用的新应用软件、网络及多媒体等知识）及时充实进去，即使一时不能系统讲解，也应以讲座或其他形式介绍给学生。第三，应注重各科知识的交叉、融合，引入跨专业的知识内容，如财会、工美、文秘等。实验中，由于我们在教学内容上较好地把握了最基础与最新最实用的尺度，所以，学生虽然用两年时间完成了原来三年时间的课程，但并不感到吃力，且教学效果也有了较大提高，同时最后一年的内容虽然容量大，但由于内容新且实用，加之学生基础打得好，所以学生学起来反而更加积极和主动。

四、引入开放的教学方法和形式

由于职中学生的基础差异较大，在电脑专业课教学中宜采用分层教学和目标激励的方法。基础和必修模块课程应面向全体学生，将目标着眼于学生今后的发展，是为终身教育和学生进一步发展自己的个性特长奠定基础的，提高课程则要根据不同学生的实际情况确定不同的提高层次，即学得好的让其尽情提高，学得差的则不能盲目拔高，要确定可行的提高目标，并对其每一点进步和成绩都要及时给予鼓励与支持，这样就可避免课堂内"吃不饱"和"吃不了"的矛盾，使学生身心愉悦地投入学习；学习过程中一定要对学生多鼓励、多表扬，多发掘闪光点，能表扬的就不要去批评，能少批评的就不要去多计较；同时，还应注重调动学生非智力因素，激发其在学习中的愉快、好奇等情绪，使其学而有趣、学而不厌。另外，针对计算机知识的特点，在教学方法上还应引入"项目训练"或"项目制作"教学法，把教学内容转化为一个个训练项目，通过完成项目促使学生熟练掌握知识和技能。

教学的形式也应是开放的、多样的，除了正常的学校课堂学习外，还可利用第二课堂如社会调查、信息收集、问题答辩、演讲、小制作、小发明、小实验、研究性课题、讲座等形式给学生以学习提高的机会；要鼓励学生走出课堂、走出学校，到广阔的自然、社会中去学习、去思考、去创造。这样培养的人才能适应社会、立足社会，才会有生存和发展的潜力及空间。

五、开放教学的评价手段

从素质教育的规律来看，考核与评价的根本目标是促进学生的全面发展，尤其是身心的健康与能力的提高。根据学生个体差异，实行学生自选不同试卷进行测试的方式，针对学习能力、学习水平不同的学生提出不同的要求，确立不同的考试目标，让不同层次的学生得到不同程度的提高，有利于全体学生的发展，有利于学生自信心的培养和个性发展，有利于调控教学，既减轻了学生的心理负担，又使其得到了健康快乐的发展。在考核模式上更加注重开放性，而这种开放性能够做到收控自如，强调学生学习的全程性，增强自信的激励性，为学生创设更多思考和创新的空间，引导学生形成在实际生活中思考与分析问题时具有灵活的思维方式。

以课本上的常规题为素材进行改编，使其成为非常规性、参与性、趣味性、探索性的开放题，开放性试题的出现对激发学生的主体精神、培养学生的个性很有裨益，为每位学生最大限度的发展提供了较大的空间。

评价方式的多元化和科学化，会使学生感到考试灵活而有趣，对学生在评价目的上取消了甄别与选拔的功能，更加关注学生在学习过程中表现出来的情感、态度、价值观等；发现和发展了学生多方面的潜能，了解学生发展中的需求，帮助学生认识自我、建立自信，促进学生在原有水平上的发展，发挥评价的教育功能。

开放性测试与考核形式是多样的，包括书面考试和开放性考试，根据计算机知识特点，书面考试又可分为闭卷和开卷，其试卷的难度也可分为不同的等级，学生可根据自己的水平差异选择不同层次的测试试卷，使每位学生都能"跳一跳，摘得到"。而开放性考核的内容可以是作品制作、项目设计、问题答辩、研究性课题等，在学习形式上多采取小组互助、合作的模式，学生在开放性学习和考核的过程中，不仅掌握了知识和技能，也学会了合作，提高了素质和能力。

六、实验效果

近年来，我们在实验中坚持做到了以上各个方面，使我们的实验达到了预期的效果。

（一）开放思想、明确目标，提高教学质量

构筑开放的教学模式，使师生的思想得以开放，观念不断更新，目标更加明确，学生在各类考试竞赛中取得了可喜的成绩，教学质量不断提高。

从1995年至今，历届电脑班学生在参加全国或全市计算机技能考核中取证率均能保持在98%以上，其中有92人考取初级程序员，有13名在校高三学生还考取了中级程序员，有18人在参加市信息学竞赛中获奖，有19人在参加市软件制作比赛中获一、二、三等奖，1998年、1999年、2002年、2004年在市奥林匹克技能竞赛中获团体第一名，1996年、1998年、1999年代表中山市参加广东省电脑应用竞赛分别获团体第六名和第五名，有134人考取各类大专和本科院校，还有一批学生在其他各类省、市计算机知识比赛中获奖。

（二）学生的整体素质和综合能力不断提高，就业范围不断拓宽

在构筑教学开放模式中，制定了开放的、动态的课程模块，引入了开放的教学内容和方法，使得课程的结构科学合理，内容做到了一"新"二"用"，方法做到了"精讲勤练"，教学效果明显提高，以编程能力为例，学生编写的学校学籍管理系统、图书管理系统、物资管理系统、出卷速成系统、工资管理系统、酒店管理系统和中英文练习软件等诸多实用软件，在市软件制作比赛中多次获得一、二、三等奖，在学校和外单位使用中受到了肯定与好评，学生在这样的实际应用中也得了锻炼和提高。而以应用技能为

例，通过开放式内容的教学，学生的应用水平不断提高，如在2002年举行的全市电脑作品比赛中，我校学生曾某某的作品《古屋不古》在全市556件作品中脱颖而出，是中山市上送省和全国作品比赛中五件作品之一，并荣获省一等奖。

通过对提高类课程的集中强化学习，学生的专业能力也有了较大的提高，就业范围也拓宽了，如通过电脑辅助设计CAD制图软件、图形图像处理软件、多媒体和网络软件以及工美和财会知识的学习，学生毕业后可直接应聘电脑中高级CAD绘图员、广告设计人员、多媒体和网页制作员以及公司财会员、管理人员等当前市场紧缺的岗位。如1999届毕业生周某某、黄某某两位同学，通过实验课程的学习，掌握了较高的专业设计技能，在毕业后不仅马上能够上岗，而且使其所在商标公司的设计水平提高了一大截，厂里的订单因此源源不断，二人也成为本市具有较高水平的商标设计人员。

（三）毕业生能力不断增强，在各自的工作岗位上做出了骄人的成绩

通过构筑教学开放模式的改革实验，我校毕业生的社会适应能力和创新能力不断增强，如我校电脑专业的毕业生有的担任公司中高层管理人员、程序设计员、电脑操作员、软硬件维护员，有的担任电脑绘图设计员、网页制作员、网络维护员和多媒体制作员及财会文秘人员等。在历届电脑专业毕业生中至今已有37人在任职公司担任经理或业务主管等，有28人在政府相关职能部门负责专项工作，有35人分别在大、中、小学担任教师，绝大多数学生是所在工作岗位上的业务骨干，他们在各自的工作岗位上都做出了突出的成绩，受到了用人单位的普遍好评，产生了良好的社会效应。1999届毕业生余某某在我镇某集团工作，由于其良好的素质和能力，从普通员工做到部门经理直至名牌企业的总经理，把企业管理得蒸蒸日上，受到上级和员工一致好评；1997届毕业生余某某在考取初级程序员后，参军到部队，利用其掌握的扎实的专业知识和实践经验为部队服务，多次受到部队嘉奖，复员回家后又被选为村支部书记；1998届毕业生刘某某等在校期间就曾多次在各类竞赛

中获奖，考取了中级程序员，毕业后自主创业，成立了软件开发公司，由于其过硬的专业能力和优质的服务，公司已在当地小有名气。诸如此类成才之例，在毕业生中不胜枚举。

构筑教学开放模式的实验也使我们深切地体会到职业中学电脑专业教学的生命力在于质量，学生的高素质、可持续发展就是质量的体现，也是提高职业中学社会信誉，使职业教育能够继续发展的保证。改革职业教育的观念、教学内容、课程设置、教学方法和形式、教学评价手段等，可使职业教育适应中国社会经济发展的要求。

项目训练教学法在职中计算机
教学中的应用

我国传统的教育是重理论知识的传授、重应试的成绩，而忽视解决问题及创造性能力的培养，这是人才培养的最大缺失。从发展的意义上说，能力比知识更重要，职业中学以技能型人才为培养目标，更应坚持理论知识够用即可，专业技能要熟练掌握的原则，重点培养学生解决实际问题的能力。笔者集多年实践经验总结出的在职中计算机专业课教学中实行"项目训练"教学法，效果明显。

一、项目训练法及其特点

项目训练就是在专业课教学中，教师根据教学目标，把教学内容设计成一个个不同的训练项目，学生围绕这些项目，在强烈的问题动机驱动下，通过对学习资源的积极主动应用，进行自主探索和互动协作学习，并在完成既定项目的同时，促成学生熟练掌握所学的专业技能，培养学生分析问题的能力。项目训练是一种建立在建构主义教学理论基础上的教学法。

项目训练法具有以下特点。

（1）实用性和有效性，训练的项目以职业性需求、专业技能的要求为依据，强调培训结果的有效实用。

（2）先进性和系统性，训练的项目既能保证技术的先进性，又能符合教育学习的规律。

（3）开放性和综合性，训练项目兼容各种技术，学生在熟练掌握专业技能的同时，也在解决问题的过程中培养了分析解决问题的综合能力。

二、训练项目的设计

项目训练教学中要体现以"学生为中心，教师为主导"的教学策略，因而在设计项目时，必须考虑到学生现有的知识结构和能力水平，考虑到项目的实用性和有效性，真正能让学生在解决实际问题的过程中，熟练掌握技能，同时还要考虑到项目的趣味性。例如，在计算机应用软件的教学中，教师可以把收集到的历届学生的优秀作品展示给学生看，边欣赏边解说，激发学生的学习兴趣，然后将这些作品的制作分成网站制作、广告设计、装饰、动画制作等不同的训练项目。在程序设计语言（如C、VB）数据库教学中，可推出管理软件（如图书管理、购销存管理系统）训练项目，甚至是一个简单有趣的游戏程序的编制。在硬件维护课程的教学中，可推出组装电脑、常见故障维修等训练项目。

三、项目训练的开展

（一）目标激励，分层训练

项目训练要有明确的目标，并根据学生认知水平的差异，笔者确定出基本掌握、熟练掌握和能解决实际问题三个层次。在项目训练过程中，遵循由浅入深、由表及里、循序渐进等原则，时时用目标、优秀作品激励学生，表扬和肯定他们的每一点成绩与进步，让每个人都感受到成功的喜悦，激励他们从低层目标努力向高层目标迈进，如有的学生设计一个简单界面或一项功能就可以，有的就要设计出完整的软件。

（二）项目分解，专项训练

在项目训练中，不可能一次到位。如想一次训练完一个项目，则教师有必要把一个大的项目分成一个个小项目，并把每个小项目的内容细化为一个个容易掌握的"技能点",通过掌握这些小的"技能点"来完成项目训练。如硬件的"组装电脑"训练项目可分成硬件识别、硬件组装、软件安装及设置等小项目,针对硬件组装又可划分为主板、CPU、内存、硬盘、外设等设备的安装。而且,项目训练中还应对同一项目进行反复训练,这样就能做到熟能生巧、应付自如,一个"组装电脑"的大项目也就能逐步完成。

(三)项目组合,综合训练

单个项目经过一次或反复多次的训练后,学生对知识的技能掌握就能达到一定的熟练程度,在遇到同类实际问题时就能加以分析解决,但这种技能过于单一,而通常遇到的实际问题往往复杂得多。例如,"局域网组建"的训练项目中包含网络设计、安装与调试,组装电脑等项目,"网站设计"项目中包含电脑美术设计、电脑动画、程序设计、文字处理等多个小项目。如果在项目训练中孤立地完成单个项目,那么即使单个项目的技能再熟练,也不能真正解决实际问题,因此,有必要在专项训练完成后,进行项目结合的综合训练,这样不仅可以事先整合学生已掌握的技能,使学生逐步形成自身解决实际问题的能力,真正做到源于技能,超越技能,而且可以通过项目的组合训练增强学生的组织、协作能力,达到在训练中提升素质的终极目标。

四、项目训练法的效果与反思

在职中计算机专业教学中,多年来一直采用项目训练法教学,效果十分明显,教学质量高,学生参加技能考证均能100%通过,在参加省计算机应用竞赛中连续三届进入团体前六名,在市技能竞赛中屡获团体冠军,学生参加市电脑作品竞赛中多次获一、二、三等奖,学生还为本校及企事业单位编制出各种管理软件,设计出广告作品、动画、网站,毕业生也因技能水平高、实用对路而成为"抢手货"。

当然,项目训练法还处于摸索实践阶段,仍有不少需要面对的难题,如学生基础太差,兴趣持续时间短无法坚持,不能顺利完成一个完整的项目,等等,还需加以研究和实践。

第三章

服务产业，创新发展

服务当地经济，创新职教发展道路

中山市沙溪理工学校是适应经济发展的需求而创办的，也是在适应经济新的、持续的发展过程中，通过不断改革和创新做大做强的。

在经济起飞的20世纪90年代初，中山市正处于工业迅速发展的黄金时期，招商引资，投资办厂，急需大量的技术工人。要满足经济发展对人才的需求，迫切需要建立一个职业技能人才培养基地。在此背景下，中山市沙溪理工学校应运而生。

沙溪理工学校1991年由中山市沙溪镇党委政府创办，经过努力耕耘，学校从初创时只有2个教学班、17位教师的乡镇小型职校发展成为全省甚至全国知名的中职名校。今天的沙溪理工学校，占地8万平方米，建筑面积5万多平方米，设有52个教学班，拥有3017名学生、172位教职工，开设有服装设计与工艺、汽车运用与维修等10个专业。

沙溪理工学校的发展之道，在于依托当地经济，紧紧抓住"服务社会经济"这个根本，随着经济的发展而不断改革和创新，在不断加强服务的实力、提高服务的质量中促进自身的持续发展。

一、创"立交桥"办学模式，起辐射示范作用

学校自办学以来，根据当地经济发展需要，以培养社会适用人才为目标，实行"一个并举四个结合"："一个并举"即职教与成教并举；"四个结合"是学历与非学历教育结合，长期与短期培训结合，课堂教学与社会生

产实践结合，主修专业与兼修专业结合；多层次、多形式、多元化办学，不拘一格育人才，形成了鲜明的"立交桥"办学特色，取得了显著的办学效益，成为广东省职教三大办学模式之一。"立交桥"不断拓展、扩延，发挥着越来越深广的辐射、示范作用。

二、产教研紧密结合，提升职教服务社会经济的综合能力

"休闲服装看沙溪"，沙溪镇是全国休闲服装名镇。服装产业的不断发展，对人才需求的不断升格，使沙溪理工学校不断面临新挑战，也迎来了发展的新机遇。

为了适应经济发展的需求，沙溪理工学校进行了深层次的改革，经过努力，实现了产学研结合。

2006年，学校创办了中山市休闲服装工程研究开发中心。该中心立足沙溪，服务国内外，依托纺织行业，建立了服务、信息、科研开发三大平台。设立名师工作室是沙溪理工学校的又一大创新。中国服装设计师协会副主席、中国首席设计师，全国十佳服装设计师等著名时装设计师，清华大学服装设计学科带头人教授等7位全国知名学科带头人均已受聘为学校专业建设的专家顾问，他们的加盟提升了学校的教育教学和科研的实力与水平。

学校还积极联合研发中心、名牌高校和知名企业、厂家等单位，开展校企、校校合作，提升职业教育服务社会经济的综合能力。如正在开展的"环保健康休闲亚麻服装产业链的建设"课题实验；与中山市比尔美服饰公司、广州果素服饰公司合作开发的"白金汉姆""果素"高级亚麻休闲服装已推向市场。

三、"一主多元"，创新办学机制

沙溪经济的迅速发展对沙溪理工学校提出了超常规、跨越式发展要求。为了突破发展瓶颈，学校提出了"一主多元"的办学思路：以当地政府投入为主，同时引进企业和资本，开展校企、校行（行业）和校校多元合作，多

渠道吸纳社会力量办学，拓宽办学途径。"一主多元"的办学机制，为解决中职学校在规模化、现代化发展中办学资金制约的共性难题提供了经验。

"一主多元"的办学理念全面推进了学校教育现代化建设的步伐，凸显了本校的办学特色，打造了具有发展优势的品牌专业。服装设计与工艺专业、汽车维修专业被评为广东省中等职业学校重点建设专业。广东省中等职业教育实训中心经省教育厅推荐，现正申报国家级中等职业教育服装实训基地。

四、优化育人环境，实行文化育人的德育方略

沙溪理工学校确立了以人为本的管理理念，构建了人性化的管理育人体系，同时，多渠道、全方位地推进校园精神文化建设，优化育人环境，实行文化育人的方略。

学校开展了电影教育系列活动，把电影引进课堂，成为全国第一所开展电影教育科研的中职学校。学校以电影活动为载体，通过优秀影视片深厚的思想内涵与生动的呈现手段，在对学生进行思想品德教育、人文教育中发挥出独特的作用，收到了良好的效果。学校还结合活动的开展，进行了"利用优秀电影提高德育实效性"的国家级课题研究。

学校开展主题化的校园文化活动，建立一个优质化的精神文化家园。以"绿色校园""书香校园""人文校园"等为主题的活动，通过整合主流文化与流行文化，形成有校本特色的校园文化，以学生喜爱的形式使教育充分发挥功效，促进了学生素质的总体提高和全面成才。

五、以技能为核心，全面提高教育教学质量

对职业教育来说，技能是核心，质量是立校之本。为此，学校坚持不懈地推行"双证书""多证书"制度，以技能考证促进专业教学，鼓励学生多考证、考不同等级的专业技能证。所有学生均持双证或多证毕业，形成"一门进，多门出"的中职人才培养新模式，让不同起点的学生都得到发展，具备较强的多向就业与多次转岗能力。

以技能为核心，分层教学、多元发展的人才培养模式，全面提高了教学质量，培养了在专业技能上拔尖、在就业市场上走俏的人才。在2007年、2008年连续两年的全国中等职业学校服装技能大赛中，我校师生选手代表广东省参赛，夺得了4个一等奖、5个二等奖、6个三等奖的优异成绩，是参赛学校中成绩最好的学校之一，受到教育部、省教育厅的表彰。2009年，在广东省中等职业学校技能大赛中，学校包揽5个一等奖，并继续代表广东省参加全国大赛。我校各专业参加各类技能考证的人数也高居全市乃至全省职校前列。在2008年中山市首次中等职业学校教育教学质量评估中，我校以高分荣获一等奖第一名。本校毕业生近三年来就业率始终保持在98%以上，汽修、服装专业毕业生就业率达100%。

六、适应中职教育需要，全面推进"双师型"队伍建设

沙溪理工学校一方面通过引进优秀专业技术人才加强技能教学的力量，另一方面大力推进"强师工程"建设：一是积极鼓励和支持教师获取专业技能资格证书，要求教师既是学校教师，又是企业技师（工程师）；二是通过校企合作，派教师到企业顶岗锻炼，参与企业的技术、管理和生产工作，提高教师的专业实践能力与素质；三是有针对性地开展校本培训；四是送出培训和派出考察，我校有16位教师参加了国家级骨干教师培训，有4位教师被选派到国外进修学习。现今，不少专业教师还拥有多个专业技师证或高级技师证。"双师型"教师队伍的不断壮大，对推进学校专业建设和加强办学特色发挥着越来越重要的作用。

七、科研促教，硕果累累

学校坚持走"科研兴校，科研促教"之路，不断为中等职业学校的教育教学改革和创新立新功。如科研项目"优化立交桥"获得广东省珠三角教育现代化模式创建研究成果二等奖、广东省教育创新成果三等奖；"职中特色的学分制研究"获广东省教育管理科学成果吴汉良奖二等奖；"电影课在职

业教育大有作为"荣获"GDJYSD"杯广东教育"十五"科研课题成果二等奖；"模块式整体推进，建设优质中等职业学校"课题研究获广东省中小学教育创新成果二等奖、广东省职业技术教育教学成果二等奖、中山市教育科研成果二等奖；学校德育研究课题"职中德育管理评价体系研究"获全国一等奖；"利用电影资源提高德育实效性研究"荣获广东省德育创新成果二等奖。学校先后被评为"十一五"规划（教育科学）国家级课题"学科电影研究"全国电影课示范学校、全国科研兴教示范基地。

实践证明，中山市沙溪理工学校多年的改革与探索，取得了丰硕成果。学校先后为当地经济和社会发展输送了30000多名合格的建设者，他们中既有全国劳动模范的优秀毕业生代表，又有服装品牌设计师，还有自主创业的企业家和农村基层管理干部，更有大批在企业生产一线的技术骨干和管理人员，他们已成为当地经济建设和社会发展的重要支撑力量。

中山市沙溪理工学校的发展可以说是改革开放以来广东以及广东职业教育发生巨变的缩影。学校依托和服务当地经济，创新职教发展模式，走出了一条有特色的现代化中等职业学校的发展道路。学校被广东省社科院评为全省中职学校综合竞争力十强学校，包括新华社、《人民日报》在内的中央十大新闻媒体来校采访学校职业教育的办学经验和成就。

党的十七届三中全会提出"要加快普及农村高中阶段教育，重点加快发展农村中等职业教育"，这给中山市沙溪理工学校新一轮的发展注入了强劲的动力，沙溪理工学校将抓住机遇，朝着建设现代化示范性中等职业学校这一目标迈进。

服务于新型专业镇发展的现代
学徒制本土化研究

中山市引导区域特色产业集聚发展，逐步形成闻名全国的"一镇一品"产业模式。全市24个镇区，基本上每个镇区都有一个具有较强市场优势的主导产业。比如，中山小榄镇是"中国五金制品生产基地"和"中国内衣名镇"，生产的锁具、燃具、内衣和音响闻名全国；古镇镇是"中国灯饰之都"，全国大部分的灯饰来自古镇；沙溪镇是"中国休闲服装名镇"；大涌镇是"中国红木家具之都"；落户中山的世界500强企业几十家，生产的名牌产品几百个。

经过多年的发展，中山市专业镇也面临着土地资源刚性约束、企业成本增加、人力资源缺乏、国际市场乏力等一系列问题。中山市委、市政府审时度势，提出建设新型专业镇的发展战略，要把推进新型专业镇发展作为今后中山市产业转型升级的主战场。新型专业镇就是在传统专业镇产业的基础上，推动产业向"微笑曲线"两端高附加值处（设计、品牌、管理、销售服务等）转移，使专业镇的产业从劳动密集型向技术和资本密集型转变。新型专业镇的发展将对职业技能人才的质量提出更高的要求。

产业转型升级对技能人才的需求提出新的要求，特别是针对企业升级定制的人才相对缺乏，企业在劳动力市场上招聘往往花费较多的精力和投入更大的成本。如何破解这个突出的结构性矛盾，为经济转型升级服务？众所周知，培养高技能人才需要校企的深度融合。目前正在推行的现代学徒制就是增强校企深度融合的重要途径。现代学徒制具有校企"双主体"、学生"双身份"的典型特征。"双主体"是学校和企业共同育人，"双身份"是学生兼有学徒和学生两重身份。这种人才培养模式继承了职业院校教育模式知识教育和素质教育的优势以及传统学徒制技术技能训练的优势，弥补了职业教育模式的实践不足和传统学徒制的知识不足。

一、开展现代学徒制本土化研究，为新型专业镇发展提供人才支撑

（一）中山市新型专业镇探索和发展的迫切需求

中山市与我国沿海地区的东莞市、温州市等城市类似，都是以专业镇（县）为产业布局形态。近年来，尤其是国际金融危机以来，不管是中山市还是我国其他产业形态类似的地区，都面临着土地资源约束、企业成本增加、国际市场乏力等问题。中山市委、市政府提出建设新型专业镇的发展战略，新型专业镇发展是我国类似经济区域产业转型升级的积极探索。由于新型专业镇以技术和资本密集型企业为主导，传统职业院校产教分离、学用分离的人才培养模式不能满足其对高素质技能人才的需求。英国现代学徒制是被实践证明的，产教一体、校企联合的技能人才培养模式，其强大的人才培养功能备受世界瞩目。因此，引进现代学徒制是中山市新型专业镇探索和发展的迫切需求。在中山市设立现代学徒制试点，也将树立起职业教育服务经济发达地区产业转型升级的典型。

（二）解决外来人口社会融入，树立职业教育服务"移民城市"社会建设的典型

与其他沿海城市类似，中山市是外来人口较多的"移民城市"。移民中有一代农民工，更多的是二代、三代农民工。这些外来务工人员大多在各专业镇的劳动密集型企业就业，是城市的弱势群体，难以融入当地城市。实施"招生即招工""招工即招生""校企联合招生、联合培养"的现代学徒

制，为占城市一半以上的外来务工人员提供了学习的机会，将使他们从低技术、低技能的劳动者转化为高技术、高技能的劳动者，实现阶层的跃迁，使他们真正融入当地城市。因此，推广现代学徒制是解决外来人口较多的城市人口和社会问题的关键一招。在中山市设立现代学徒制试点，将树立起职业教育服务"移民城市"社会建设的典型。

（三）丰富我国职业教育学徒制模式

从全世界来看，职业教育学徒制包括德国"双元制"、澳大利亚"新学徒制"、英国"现代学徒制"各种模式，不同模式适宜不同的经济社会特点。因此，在学徒制推广的初期，宜鼓励不同区域（如中西部、东部等）探索适宜当地产业特点的学徒制模式。英国现代学徒制的主要特点是"准市场化"，学校和企业通过利益驱动而非政府强制来合作培养人才。中山市作为改革开放先行地区，市场经济发达，选择准市场化的英国现代学徒制具有较好的可行性。因此，中山市试点英国现代学徒制本土化研究将丰富我国职业教育学徒制模式。

二、建立政府投入机制，为现代学徒制实施提供政策保障

中山市是较早启动现代学徒制试点工作的地级市。中山市教育局较早（2014年3月）就主动与英国领事馆洽谈引进英国现代学徒制。《中山市人民政府关于进一步推进职业教育改革与发展的实施意见》中明确指出，要依托企业推行"招生即招工"的现代学徒制，企业根据用工需求与职业院校联合招生（招工）和培养，实行校企"双元"培养，明确每年拿出专项经费支持现代学徒制推广。

在现代学徒制试点中，中山市成立了试点工作领导小组、试点工作咨询指导小组。其中，试点工作小组由市教育和体育局局长牵头，成员包括全市职业院校院（校）长；试点工作咨询指导小组成员包括英国总领事馆文化教育处官员和英国现代学徒制中国项目部负责人。我们还要求各试点学校联合试点企业，由英方代表、职教专家、校长、企业总经理、专业教师、企业师

傅组成相应专业的学徒制工作小组，主要负责开发现代学徒制框架，制订现代学徒制班的人才培养方案、课程标准和教学计划，实施现代学徒制等。

与此同时，教育主管部门积极研究制定促进校企合作的地方政策，制度化、系统化地推进校企合作和现代学徒制工作。如已完成《中山市职业教育校企合作促进办法》意见的征求和修订工作，制订了现代学徒制试点工作的实施方案等。此外，还采取多种措施激励企业参与职业教育，推动企业将职业院校纳入人才培养和技术创新体系。

三、借力科研院所人才智库，为现代学徒制实施提供智力支撑

中山市与英国驻广州总领事馆、广东省教育研究院签署了中英职业教育国际合作示范区项目合作备忘录。三方携手在中山市共建中英职业教育国际合作示范区，探索和推广现代学徒制。广东省教育研究院、英国北方职教联盟和Proskill等国内外专家团队借助科研优势，负责指导和研究现代学徒制专业人才培养方案、教学标准和课程标准等项目，特别是借鉴英国的经验开发适合中山产业和企业需求的技术技能人才培养标准。

四、创新校企合作机制，形成校企双主体互动和契约关系

（一）通过契约关系，发挥企业的第一主体作用

通常情况下，校企双方签订的合作协议往往是一种自觉约定，或者是学校对企业的一种单方的和无约束力的要求，这样的校企合作效果自然大打折扣。现代学徒制实施的一个关键是要发挥校企"双主体"作用，特别要强调企业的第一主体作用。在推进现代学徒制试点工作中，我们十分注意调动和发挥企业的"第一主体作用"。政府主要领导、学校负责人多次深入企业调研，就如何有效地推进现代学徒制、实现多赢等问题交换意见，并最终与部分企业达成合作共识。企业主动与学校合作，联合学校开展招工招生工作，并制定合作"契约"。由此可见，现代学徒制中的校企合作是买方与卖方双主体的互动和契约关系，校企合作不再是传统的友情合作，而是一种契约

关系。

（二）建立校中企模式，选择有实力的企业开展学徒制工作

在中山市仅1800平方千米的土地上，有各类企业几十万家。在这些企业中，既有服装、灯饰、家具、五金、电子等传统产业，也有船舶制造、风电、包装印刷、健康医药和北斗系统等战略性新兴产业与先进制造业，为现代学徒制合作企业的选择提供了很大的空间。有统计表明，中山市每年技能人才的缺口几十万人，企业对高素质技能人才"一人难求"。我们在做企业调研时也发现，对于中山市大型制造企业，技能人才缺乏问题困扰已久，焊工、镗车工、风电维护工等都难以招聘到合适的技术工人。根据产业升级和企业用工需求，我们在研究现代学徒本土化工作过程中，对学校和企业提出了资质要求：一是对学校来说，参与现代学徒制的专业原则上为省级重点建设专业，有比较好的校企合作基础，有较好的校内外实训或生产基地，并能与产业对接，有一定的生产功能，特别是企业在学校设立"校中厂"的学校，鼓励他们设立学徒制试点。二是对企业的要求，要对推广现代学徒制有较高的积极性，具备一定实力、对高技能人才需求迫切的企业，能主动与学校合作，能承担相应的主体责任。例如，沙溪理工学校的汽车运用维修专业引入三家企业进驻学校，建立了"1+N"校中企合作模式，火炬开发区理工学校电子技术专业与中山创税大户台资企业合作，建立了长期、稳定的合作关系。

五、引入第三方评价体系，为现代学徒制实施提供保障

我们借鉴国外先进的现代学徒制经验，引入第三方评价体系，构建中山特色的现代学徒制管理和评价体系。根据签订的《中英职业教育国际合作示范区备忘录》，由英国驻广州领事馆负责引进英国现代学徒制的框架、资格体系和制度。英国北方职教联盟和Proskill为中山培训内审员、外审员，负责培训各试点专业的科组负责人和骨干教师，指导中山市建立课程标准，开发相应的课程体系。同时，英方选派一名专业人员常驻中山市，指导现代学徒

制的试点建立和推广。

我们在进行现代学徒制工作试点过程中，根据试点情况不断调整现代学徒制方案，在相关专业的试点工作获得成功后，扩大增加试点学校和试点专业，最终针对中山市专业镇发展和产业转型升级劳动力结构特点，探索符合新型专业镇发展要求的、本土化的现代学徒制模式。

模块推进，多元发展，整体优化

中山市沙溪理工学校以当地产业经济为依托，多层次、多规格培养人才，形成了鲜明的"立交桥"办学特色，取得了显著的办学效益，"立交桥"模式辐射广泛，成为广东职教三大办学模式之一。

随着全国职教会议的召开，我国职业教育进入了一个前所未有的发展时期，中山市职业教育也进入了超常规发展时期，本市中等职业学校面临着"优胜劣汰"的激烈竞争，做大做强是中山市中等职业学校生存和发展的必然趋势。要把沙溪理工学校办成"强校""大校"，必须实行整体性的大变革。

沙溪理工学校实行"模块式整体推进"改革，开始了从全国重点职业学校向全国示范性中等职业学校迈进的全局性改革。所谓"模块式整体推进"，即在建设优质化的中等职业学校的总目标统率下，把优质学校建设作为系统工程，分成多元化办学、产学研结合、宽基础教学、实践性基地、人本化德育五大子系统（模块），各子系统分头推进，多元发展，实现整体优化。通过数年努力，"模块式整体推进"的改革推动了本校优质中等职业学校建设的发展步伐，使本校在较短时间内实现了又一次大步跨越。

"模块式整体推进"的改革在多个方面体现出超常规性，取得了多方面的创新成果。

一、创新办学体制

建立"一主多元"的办学体制，成为本省第一所引入民用资金进行硬件建设的公办中职学校，为解决中职学校在规模化、现代化发展中出现的办学资金制约的共性难题提供了成功的先例。

沙溪理工学校要从国家重点职中这一高起点上实现新的攀升，必须有充分的物质条件，首先面临的是办学资金紧缺这一瓶颈。沙溪理工学校实行了超常规的多元化的办学体制创新。在学校全面实施"十一五"规划及创建全国示范性中等职业学校的非常时期，为摆脱办学资金紧缺的困扰，学校在当地党委和政府的支持下，主动出击，通过多方努力，充分发挥本校的品牌效应，吸引名企加盟，引入社会力量和民间资金，扩建了实训场室、学生生活设施等系列校舍，大大拓展了学校发展的空间，为学校的大规模扩展创造了优越条件。

二、创新发展机制

引入社会科研单位，形成名牌高校、知名设计师、知名厂企联盟，产学研结合的优化组合，激活了职教与社会、与市场联系的机制，提升了职教服务社会经济的综合能力。

沙溪理工学校承办了中山市休闲服装工程研究开发中心，立足学校所在的中山市沙溪镇，面向全省，依托纺织行业，通过研究开发中心建立服务、创新以及产教研结合三个平台。

研究开发中心与齐齐哈尔大学艺术学院合作开展了科研项目"亚麻面料在休闲服装中的开发运用"课题实验，已由中山市科技局作为重点科研项目向省科技厅、省经贸委推荐申报，成为中职学校引进科研单位、与高职合作进行科研攻关的首创，具有开拓性意义与广阔的发展前景。

研究开发中心还与广州某知名品牌服装设计公司等单位建立合作关系，互相设立工作室。

学校以研究开发中心为纽带，借助中心优越的设备和设计名师、先进技术等条件，进一步推动教学改革，打造强势品牌专业——服装专业，使沙溪理工学校服装专业成为广东省示范性专业。

沙溪理工学校充分发挥本校日益彰显的品牌效应，借助研究开发中心雄厚的科研实力，吸引了不少全国知名的服装设计师加盟，使我校的师资队伍具备雄厚的实力，具有领先的优势，为我校教学改革向高台阶攀升准备了充分条件。

沙溪理工引入研发中心，建立了产、学、研基地，建立了运作机制，确定了发展方向，与市场建立了联系，较好地解决了中职学校在深层改革中力量薄弱的先天不足问题，为在中等职业学校教学改革中实现产、学、研结合，深化中等职业学校教学改革提供了具有实际应用价值的、创新性的经验。

三、创新中职人才培养模式

针对中等职业学校学生的层次差异，开展教学改革，使不同起点的学生都得到发展，赋予"因材施教"的教学原则以创新意义，使本校毕业生具备较强的多向就业能力。

我国现阶段正处在多种经济形态并存的时期，不同行业、企业的技术含量、科学水平和知识化程度各不相同，对人才需求的层次、类型和规格也是多种多样。

同时，中职生素质体现出层次的参差性。传统的、单一的教学模式已经很难适应各种层次学生的多元化发展需要，教学质量下滑的形势已日益明显。

（一）人才培养模式的改革创新势在必行

数年来，沙溪理工学校根据社会经济发展需求和不同层次学生的发展需要，确立多元化的培养目标，根据培养目标，整合专业资源，实施"宽基础、活模块"式的课程改革与专业管理，结合本校实际，实施具有校本特色的多元化分段教学法及学分制，给各种层次的学生以多样选择，实现多种目标协调发展，为学生拓宽了成才渠道，使各式各类的学生都获得了发展。

一是以培养有多项技能、多向就业能力的企事业单位的合格劳动者为主，培养企事业单位管理人员和生产第一线中高级技术工人为主，以升学（高职）为主的不同目标把教学内容分为三个层面。学生除了本专业的技能或升学的目标外，可以根据自己的实际及需求选修其他专业，并参与相应的技能考证。学生在有限的学习时间内，可以通过努力多学技能，拿到多个技能证书，这体现出目标的多向性及教学的灵活性，使学生毕业后能适应社会的多向选择、具有广阔的发展前景。

二是将全校专业整合为四大专业，即原工艺美术、服装专业合为现代设计专业；汽车维修、机电、家电、电工等专业合为维修管理专业；电脑、财会、文秘专业合为经营管理专业；还开设了升大（专业）部。学生可以根据自己的兴趣选择与自己所学专业相近的另一专业，获得多个技能证书，或根据自己的条件与意愿，参加各类升学考试。

三是实施具有校本特色的分段教学及学分制：分段教学主要是把职高学段分为两个阶段，高一、高二级阶段以校内基础学习为主；高三级阶段以社会实践为主，面向社会。

（二）学制改革主要是分阶段、分层次实施"学分制"

学校在一些男生集中的班增加了实践课的比率，适合学生的学习心理，顺应了这类学生喜动厌静的特性；对一些实践性要求较高的专业增加实操课，促进了"应会"与"应知"的结合。这些措施体现出学习的弹性化，体现了个性化学习的特点，大大调动了学生学习的主动性和积极性，解决了一向困扰中职教学的厌学问题，使教与学的质量大幅提高。

"学分制"还针对职业高中学生后进生比率相对较高的状况，将学习态度与行为表现纳入量化管理，折算成学分，学生的德育分纳入了毕业学分，这样做有效提高了学生的自律性，使违纪率大幅下降。

"学分制"的实施使学生在学业上具有了较大的自主权，学生评价方面体现出学业与操行结合、专业技能与个人特长并重的特点，使各类学生在不同的起点上都得到发展。

四、创新教学实践途径

我校与厂企、行业共建教学实习基地，实现教学与生产的密切结合，形成"上学即上班""上课即上岗"的学习情境，增强了对学生实践能力的培养。

多年来，沙溪理工学校已在中山市建立了一批厂企实习基地，每年都组织学生到对口厂企参加生产实习，边上班边学习，甚至是带薪实习。

例如，汽车维修专业拥有中山市汽车运输公司修配厂等8个实习基地，该专业学生每年都可以到各个基地参加生产实践，可实现"学习—实习—上岗"一体化；财会专业学生到中山大型百货企业进行营销业务实习；美术设计专业学生在大型商场进行商品展销环境设计；机电专业学生组织志愿服务队，到集市为群众义务维修电器。学生在实习期间便形成了上班、在岗的职业心理，毕业生在就业初期，很多都不需经历试用期这一环节，有相当一部分学生一离开学校，便直接走上企业的技术骨干或管理骨干岗位。

五、创新育人手段

优化育人环境，构建人本化育人体系，促进学生素质的总体优化，全面成才。

沙溪理工学校充分认识到中职学生素质的特点，学生具有参差性，其成长的需求具有多元化的特点。学校的德育改革在注重抓好常规管理教育的同时，非常重视为学生多层次、全方位地搭建成长平台，营造了全方位的育人环境，促使每一位学生都得到发展。

例如，我们注意到中职女生群体的特殊性，成立女生工作部，使女生群体获得特别关注，解决了学生生活、学习、生理、心理等诸多方面的困扰，促进了她们的健康成长。

我们认识到心理问题已成为影响学生成长的重要因素，学校开设了心理教育课，成立心理辅导室，开展心理辅导活动。

我们还开展了电影科研活动,以电影活动为载体,开展了爱心教育、感恩教育、公德教育、礼仪教育等系列活动,让教育渗到学生生活中,沁到学生心田里。

学校还重视为学生展现和发展个性、培养才德、塑造良好人格搭建宽阔的平台:龙狮团、管乐团、时装模特队、歌舞队、合唱队、文学社、广播站……众多的学生,都可以在这些团体中找到主角的感觉,获得被人注视的满足感。在这里,各个层次的学生都可以找到自己喜欢的位置。

人本化的德育管理,活动化的行为养成,贴心化的心理教育,感性化的文化活动,为学生营造出一个多元发展、总体提高的成长环境,满足了学生多元化的成长需要,为其塑造向往美、趋向善、追求真的人格。

模块式整体推进的改革,全面推进了沙溪理工学校教育现代化建设的步伐,打造了具有发展强势的品牌专业,凸显了学校的办学特色,树立了本校的"名校""强校"品牌。例如,工美、汽修专业成为广州本市职教热门专业,计算机、财会被推荐申报广东省省中职示范性专业,服装专业被授予广东省中职示范性专业。学校连年被评为"广东省职教先进单位""全国科研兴教示范基地""全国环境教育示范基地"等。

宽基础、活模块的专业课程设置改革,分层教学、多元发展的人才培养模式,全面提高了教学质量,培养了在专业技能上拔尖、在就业市场上走俏的人才。在2007年全国中等职业学校服装技能大赛中,以沙溪理工学校师生选手为主力的广东队夺得3个一等奖、2个二等奖、4个三等奖,获得一等奖人数及获一、二、三等奖人数仅次于上海,名列全国第二,是参赛学校中成绩最好的学校之一,受到了广东省教育厅的通报表扬;另外,沙溪理工学校各专业参加各类技能考证全面告捷,高居全市职校榜首,且沙溪理工学校学生参加高职类高考,在上线率,总分,语文、数学、英语单科平均分,前十名,前三十名人数等各方面均居全市第一名。

通过一系列改革创新,学校实现了跨越式发展,办学效益有了大幅提升。

抓精细化管理，创高品质职校

精细化管理是一种管理理念，更是一种管理文化，要求以精心的态度、精细的过程，实现精品的结果。在国家"大力发展职业教育"到"加快发展现代职业教育"的快车道中，中职学校教学质量管理如何与时俱进已成为学校管理者不可回避的现实课题。本文总结近年来我校从办学实际出发，不断调整办学思路，积极探索精细化管理所取得的一些成效。

一、加强常规教学管理，规范师生教学行为

（一）理念导航——规范教学行为的前提

思想是行动的先导，实施教育教学精细化管理，思想引领是根本。围绕沙溪理工学校的办学理念，我们用全面育人的教育观、全面成才的学生观、全面发展的质量观来引领全体教职工，使之成为每一名教职工教育行为的内驱力。在工作过程中，我们着力创新工作思路，抓好、抓实行政干部队伍和教师队伍的建设，以期全体教职工以精细化教学管理思想指导教育教学工作，规范师生教学行为。

（二）制度建设——规范教学行为的保障

制度是学校教学管理稳步、有序和有效运行以及规范教师教学行为的重要保障。在教学管理工作中，我们注重建章立制，严格规范日常教学行为，特别是加强对备课、上课、辅导、评改、考试等教学环节的督查和管理，进一步规范和深化巡堂制度、备课制度、课堂教学责任制、课堂教学信息反馈

和教师教学评价制度、培优扶差制度、听评课制度等。修订《沙溪理工学校教学常规管理制度》，我们需重点做好以下几个制度的执行和落实。

1. 坚持巡堂制度

学校实施行政+部长+值日教师的巡堂制度，权责明确，分工细化，落实到具体的时间、地点和责任人。自实行以来，该制度在保证教学秩序的稳定、增强教师责任心、提高课堂教学效果等方面起到了很好的促进作用。

2. 严格备课制度

学校一直严格备课制度，严禁无准备上课。无论是文化课，还是专业课，或是实操课、复习课，都要求教师必须备好每一堂课。

3. 落实课堂教学责任制

组织好每一堂课的教学是每一位任课教师的职责，也是教师教育教学能力和工作责任心的具体体现。谁上课谁负责，无论是对学生知识技能的传授还是思想品德的教育，都是任课教师分内之事，责无旁贷，绝不能推诿塞责。

4. 完善课堂教学信息反馈和教师教学评价制度

推行教学信息反馈和教师教学评价制度，做到公开、公平、公正和准确，发挥对课堂教学的有效监督和促进作用。该制度的执行，对提高课堂教学效果起到了积极的促进作用。

5. 听评课制度

学校一直推行听评课制度，在听课中，把随堂听课与听指定课相结合，听好班的课与听差班的课相结合。在评课中，强化三个关注：一是关注学生，从学生学的角度评价教师的教，坚决摒弃课堂教学中的作秀现象；二是关注事件，取消形式主义、乱贴标签的评课方式；三是关注过程，开展叙事研究，促使教师在评课活动中成长。我们通过听评课，引导教师学人之长，补己之短，积极探索上好课的方法和途径。

6. 加强培优扶差

进入我校学习的学生无论在思想品行还是在知识能力上，都存在着较大的差异，因此，做好培优扶差工作是每位教师教学工作的重头戏。我们在各专业校企合作工作室基础上，成立了各专业各学科的兴趣小组，要求各专业部各科组指定能力强的老师担任辅导教师，利用课外时间给培优对象专门"开小灶"，让他们在专业技能和学科知识的学习上做领跑人，对有竞赛任务的专业或学科还要专门成立竞赛队。在扶差方面，我们不放弃任何一个学困生，针对不同专业、不同层次的学困生开展帮教、补课等活动。

（三）教学监督——规范教学行为的措施

常规教学管理是教学工作的重心，是提高教育教学质量的基本保证。只有抓实着力点，追求精细化，才能确保管理高效益，教学高质量。为此，学校强化教学监督机制，实行常规检查与专项检查结合、督导听课与教师听课结合、信息反馈与及时处理结合等多种教学监督手段，将精细化管理、规范教学行为的举措落到实处。

首先，常规检查与专项检查结合。为加强教学常规管理，学校与企业技师、企业家、高校专家学者、教育界名家共建学校教学管理督导组。教学督导组与教务处、专业部通过常规教学检查、师生座谈会、听课等形式对教师授课计划的制订与执行、教案的书写与备课、课堂与实训教学、作业的布置与批改、课外辅导与补差等常规工作进行监督。为提高常规检查的实效性，我校在检查的过程中，注重专项检查与常规检查相结合，突出专项检查的重点。

其次，督导听课与教师听课结合。教学督导组实施开放、公平的教学督导和质量评价。督导组通过"推门听课"的形式，了解课堂真实情况，发现问题，总结经验，促进教师提高课堂教学效果。督导组检查时，随机听课，及时评价和反馈。平时，校长、副校长、行政、部长、科组长要协调分工听全校教师的课，尤其要侧重听新教师的课。通过听课，对学校课堂教学情况做出基本的分析，表扬先进，督促后进，以保证教师教学素养整体提高。

此外，学校根据实际情况，要求每位教师每学期至少上一节公开课，且听课不少于十五节。学校教务处还定期举办公开课观摩与评比活动，教学质量和课堂效率都得到较大提高。

最后，信息反馈与及时处理结合。学校在常规与专项检查、督导听课的过程中，通过教师座谈、问卷调查、学生座谈等形式建立了信息反馈系统，同时也在各种教学评估中收集教学质量、教学管理水平、办学效益等反馈信息。教务处对收集到的信息，及时整理、分析、归纳，及时报主管教学副校长和校长，以便学校采取相应措施，改进教学实施过程中的不当环节，规范教学行为，提高教学质量。

二、优化教学资源，实现教学环境精细化

（一）加大硬件建设力度，打造优质教学环境

精细化管理以"精、准、细、严"为主要特征，尽量避免教学过程中无用的消耗，并针对不足，进行持续改进。将这一理念应用于教学质量管理中，我们针对自身教学资源的优势和不足，与政府部门、行业、企业、高等院校、科研机构深入沟通，形成资源优势互补、互利互惠的发展建设联盟。如今，学校已经建成了中央财政支持建设的服装设计与工艺专业实训基地、广东省财政资金支持建设的汽车运用与维修专业实训中心、电子商务专业实训中心、动漫专业实训中心、会计专业实训中心、计算机网络专业实训中心，打造了中纺标CTTC中山服装检测中心，承办了服务当地经济转型升级的中山市休闲服装工程研究开发中心，创建了中山市网商联盟电子商务中心和中山市服装设计师协会，并引进企业先进的配套设备，制定了相应完善的设备管理制度，使其利用率、服务能力都得到了卓有成效的发挥。

此外，学校在政府的大力支持下，积极参与中国·沙溪休闲服装创意园建设，还与中山市职业技术学院根据"资源共享、优势互补、互惠互利、共同发展"的原则，成立了沙溪纺织服装学院。学校通过承办的这些产学研合作平台，先后与科研院所及行业、企业开展全面、深度和高端产学研合作，专业与产业企业深度融合，学校各专业的硬件环境建设全面提升，实现了教学环境的优质化和精细化。

（二）加强平台机制建设，打造优秀教师队伍

学校发展的根本是人的发展，即教师和学生的发展。我们知道，高素质的教师队伍是落实精细化管理、提高教育教学质量的先决条件，只有使教师达到"学高为师、德高为范、以身立教、为人师表"的高境界，教学质量才能提升到一个新的水平。

因此，我们重视教师的自修和培训学习，并将之纳入教学常规管理工作中，与教学工作以及科研活动紧密结合，实现教学、科研和培训的"三位一体"，构建了培训、实践、反思、提高的教师校本培训模式，并鼓励教师进行学历进修和继续教育。学校已有40多人完成了在职研究生学习，全部获得了硕士学位；21人参加了出国培训，110人参加了国培和省培，全部教师参与了教师继续教育、市镇校三级培训，每年还有一大批教师考取技师或高级技师，袁超老师还成为全国十佳制版师，现在专业教师中"双师型"比例达98%。每年学校都安排教师到企业实践或在校内教学工厂中带项目，参与企业的生产过程，如服装专业教师杨珊担任某知名品牌的设计总监，高佳杰老师担任校企合作企业设计总监等，成为专业教师成长的典型案例。同时，学校大力推进名师工程，效果显著。陈仕楷校长与笔者分别被评为第二届"中山市名校长""中山市名教师"，成立了名校长工作室、名教师工作室。在教学技能和竞赛辅导方面，学校涌现出一大批全国和省职业院校教师说课大赛获奖教师、全国和省职业院校技能大赛优秀指导教师。

在优化教师组合的过程中，学校推行"教代会选专业部长，专业部长选班主任，班主任选科任教师"的优化组合制，打造"有为才有位，有位更有为"的教师团队，形成"以学校为家、以工作为乐、以奉献为荣"的行政班子。

三、教研科研精细化，促教兴校创品质

学校始终坚持教科研促教兴校战略，以教科研为引领，以课题研究带动全校教科研蓬勃开展，推动了学校教育教学改革。"课题课题，解决问题"，学校始终把教育教学中遇到的各种问题、难题作为教科研的课题来研

究，每周必有教研会，每人都有小课题，年年都有立项课题。

近年来，学校教科研成绩斐然，果实累累，教学成果《"专业对接产业链"服装专业人才培养模式的改革与实践》荣获2014年国家职业教育教学成果二等奖，案例在国家级刊物《中国职业技术教育》上刊登；有10项课题成果获省、市教科研成果一、二、三等奖。在研课题中有2项为国家级课题之子课题，7项为省级立项课题，4项为市级立项课题，16项为市级立项小课题。由学校教师主编及参编出版的教材和书籍72本，《文化自信下的职教自强之路：中山市沙溪理工学校文化建设巡礼》《职业教育的创新与实践》陆续出版，成为学校教科研可贵的财富。学校教师获奖及发表的论文达130多篇；25名教师参加"创新杯"教师信息化教学设计和说课大赛，13人获得全国一等奖，20人获全省一等奖；精品课、微课屡屡获奖。精细化教科研活动的开展，大大提升了教师教育教学的能力和水平，推动了学校和专业品质的发展。

精细化管理是一门科学、一门艺术，更是一种境界。学校的精细化教学质量管理不仅要管结果，还要关注过程中的关键环节、关键点位。在学校严抓教学质量的建设中，先后走出了三位中山市"十杰市民"、多名中山市"十杰青年"、国家和省市劳动模范，共培养了3万多名既全面又专业，既擅长合作又能独当一面的中高级技能人才和管理人才。我们完全有理由相信，不断改变传统的粗放型管理方式，脚踏实地，力求"精细"，并持之以恒，终会内化为教育者的一种品质，这种品质将会对我们的学校和职业教育事业的发展产生深远的影响。

立足学生"内和谐"，加快职业学校教学改革

文化是一种规则系统，一种非正式的行为规范。和谐文化关注人与自我、人与人、人与社会、人与自然之间的和谐相处。国学大师季羡林先生说过："沙溪理工讲和谐，不仅要人与人和谐，人与自然和谐，还要人内心和谐。"

可见，"内和谐"指的是人的内部和谐或内心和谐。一所职业学校的"内和谐"课件，体现在学校的每一个人都要努力培养良好的道德修养、良好的心理调节能力，追求一种平和美好又不失争先创优的内心世界。这是每个人在行为背后表现出的内心和谐。

教学文化是学校文化的核心内容。同一所学校，不同的管理者、不同的管理理念和方法会产生不同的管理效果。用什么样的理念、方法和策略管理学校，才能获得最大的教育效益，推动学校持续改革发展，促进学校全面整体提高，是学校管理者要经常思考的问题。在教学管理工作中，中山市沙溪理工学校坚持改革创新，努力探索实践，不断总结反思，在构建特色教学文化、促进学校和谐发展中做出了卓有成效的探索。

一、职校学生特点

要在职业学校教学改革中达到学生的"内和谐"，必须先清楚认识职校学生的特点。

中等职业学校学生处于高中阶段，处在身心发展的关键时期，大都怀着强烈的求学求知、自强自立的愿望，希望通过职业教育改变自己的命运。

部分学生综合素质相对薄弱，学习有些障碍，行为习惯有些偏差，心理状态有些问题。成长中，因成绩不好，他们容易被看作拉班级后腿的人，成为被忽略的人群，甚至被看作问题学生。被遗忘、被淡漠、被一次次考试所打击的学生的幼小心灵，过早地笼罩了层层阴影，使他们主要表现出以下心理问题：①缺乏自信，心灵敏感；②缺乏爱，依赖异性但又不能正确处理两性关系；③不适应环境，不善于沟通，人际关系紧张；④自控力差，遇到矛盾易走极端；⑤家境贫寒或家庭不和谐让学生心事重重，内心茫然。面对学生不良的心理状态和尚未稳定的心理品质，若不通过文化教育给予正确、积极、有针对性的引导，会对学生的成长产生不良影响，甚至直接影响到学生整体素质的提高。

二、推动特色学分制，让学生多种途径成长

学年制课程体系刚性强、灵活性差，同时学科知识性强、应用技能性差，原来所制订的教学计划中理论要求内容过高过繁，而动手能力不强，未能充分体现职业教育以能力为本的办学宗旨，毕业生难以符合用人单位的要求，就业率低，办学效益差，造成教育资源的极大浪费。

针对中职学生文化基础相对薄弱、参差不齐的现状，沙溪理工学校认识到传统学年制管理制度评估手段单一，对优秀学生不能挖掘潜能，对偏科学生不能因材施教，不能很好地激励学生的学习积极性，为其提供充分发展个性的可能。为了增强学生学习的兴趣和自信心，实现异步达标的目的，沙溪理工学校于2002年就开展"职中特色学分制"课题研究，并于2005年获得广东省教育管理科研吴汉良二等奖。通过学分制科学设置选修课，可供选择的课程有15门左右，让每个学生根据自身爱好和特长选择相应课程，如美术爱好者，可选修工美装潢设计课，取得对应学分算入毕业成绩。同时，学生也可以通过平时操行表现、学习态度、课堂表现、完成作业情况等提高学期考核成绩，还可以通过参加运动会、志愿者活动、社团活动、社会服务、技能竞赛等方式获得学分加分，并将学生思想表现、行为规范和学业成绩一起纳

入学分考核，鼓励学生勤奋好学，遵纪守法，这能更好地体现素质教育的要求，使其更有针对性和实效性。对于教师来说，学分制更有利于实施研究性教学、分层教学、目标激励等更具有个性化教学的方式，并充分运用现代化教学手段提高学生主动学习的效益。

三、打造教学改革核心驱动力——"沙溪理工人精神"

"沙溪理工人精神"文化融汇了沙溪理工学校全体师生的精神信念和价值取向，包括："自强不息，和谐发展"的校训；"求真、务实、崇善、尚美"的校风；"以人为本，以德为先，以文化人，以质立校"的治校方略；"学校以育人为本，教师以敬业为乐，学生以成才为志"的工作方针；"专业对接产业链""教育对接价值链"的办学模式；"让学生学会做人，学好技能，为学生幸福而有意义的一生打下良好基础"的办学理念；"有为才有位，有位更要有为"的团队精神。

其中，沙溪理工学校紧紧围绕"自强不息，和谐发展"的校训精神，把职业教育当作功德事业来做，让学生摆脱初中学习的挫败感，重建自信，靠自己优秀的技能去创造幸福的生活，靠良好的品德去赢得社会的尊重，变弱势群体为强势群体，让越来越多的外来打工子弟带着技能融入城市，让一代代年轻人凭借实力创造事业，让无数家庭因为子女有成而更加稳固、富裕，让当地企业因为人才充足而从容应对竞争。这就是沙溪理工学校文化建设的动力所在，职业教育发展的动力所在。

四、在教学改革中贯穿"以德为先，以文化人"的管理理念

"让学生学会做人，学好技能，为学生幸福而有意义的一生打下良好基础"，这是沙溪理工学校的办学理念。围绕这个目标，沙溪理工人心往一处想，劲往一处使，不断精细化管理，在学校发展、专业建设、师资建设、教学管理和德育管理等方面加强文化建设。

在学校发展方面，近年来，学校紧紧依托当地经济，服务产业转型升

级，形成了"专业对接产业链"的广东中职沙溪模式，即"专业拓展对接产业链、专业教学对接产业链、实训中心对接产业链"，与上百家企业对接，与高等院校和中国纺织院科学研究机构合作，让学生学习最先进的专业技能，成为塔尖的高技能人才，不断提升学校人才培养的质量，从而实现"教育对接价值链"。

在专业管理方面，沙溪理工学校大力建设专业文化。如服装专业师生要把自己看作人类文明的化身，是在从事美的事业，因此沙溪理工学校把服装专业文化定为"美的事业，时尚人生"。汽车专业讲究规范化和高效率，要达到"创新动力，品质生活"，因此沙溪理工学校引入某公司的"6S"管理文化，在汽车实训车间，地上看不到一点油污，每一件工具和螺丝钉都摆放在专门的位置，学生穿着洁白的校服修理汽车，又干净，又阳光。会计专业讲究诚信做人、不做假账，沙溪理工学校还形成了"诚信为本，精准理财"的财经专业文化、"设计生活，陶冶思想"的艺术专业文化和"分享信息，畅想世界"的计算机文化。

在德育管理方面，沙溪理工学校根据中职生的文化基础和行为习惯，引入军事化管理，全校学生列队上学、列队上课；开展影视文化教育，轮流安排学生观看影片、交流影评；沙溪理工学校成立了20多支业余活动小组和各种特色鲜明的社团，让学生从活动中找到自信和快乐。沙溪理工学校的龙狮团已经连续四年赢得广东省传统龙狮锦标赛第一名。

通过文化建设，沙溪理工学校在发展过程中感觉越来越自信，越来越幸福，不但体现在学校的一景一物上，还体现在学生阳光饱满的笑容上，体现在教师们敬业乐业的行动中，更体现在学校的专业建设、校企合作和一系列教育教学改革中。通过文化的润滑作用，学校的师生关系、师师关系、生生关系、学校与师生关系、校企关系等更加融洽，为学校营造了良好的内外发展环境。

五、做精质量文化，体现职校教学特色

在教学管理方面，沙溪理工学校注重引入质量文化，将中山市中等职业

学校教育教学质量评价的标准作为沙溪理工学校教学活动的评价标准，制定和完善了《中山市沙溪理工学校教育教学质量评价方案》《教学管理制度》《实习室管理制度》等大小制度数十项，为学校营造了科学、公开、健康的激励机制。

（一）加强和完善制度建设机制，形成教学规范的文化行为

学校制定一系列管理制度，走依法治校的道路。在原则上，突出制约性，结合适应性、激励性和权益性；在内容上，围绕办学目标，着力解决工作规范化、质量标准、督查办法、政绩评估、奖优罚劣等相关问题；在操作上，可行性要强，操作性要易。

1. 加强教学常规管理，规范日常教学行为

进一步确立"学校以教学为中心""教学以课堂为中心""课堂以效益为中心"的观念，严格规范日常教学行为，加强对备课、上课、辅导、批改、考试等教学环节的督查和管理，修订了《沙溪理工学校教学常规管理制度》。

2. 建立目标管理和层级负责管理体系

学校各专业部、各科组围绕学校教学工作总目标制定了各自的学期教学工作目标，并按照学校模块化管理的要求，制订出了相应的内部评比方案，定期评比，奖先进，促后进，搭建良性竞争平台，营造和谐激励氛围，促进了各个模块的整体提高。

3. 创新和完善教学常规管理制度

学校要坚持不懈地狠抓教学常规管理，向管理要质量。一是抓课堂教学效率。课堂教学要求"少、精、活"，"少"就是要求教师在45分钟内完成教学任务；"精"就是把握住教学内容的精华，突出重点；"活"就是方法要活，采取现代教学手段，结合职业教育新特点，开展导向教学、案例教学、项目教学等教学方法创新，坚持"做中学，学中做"，以取得最佳的教学效果。

4. 建立和完善行之有效的奖惩制度

学校进行改革创新，实施有效的奖惩制度，建立一套科学的管理体制，

进一步完善教学质量评价与监督手段。沙溪理工学校重新修订了《沙溪理工学校教师教学质量评价方案》《沙溪理工学校教学奖励条例》等制度。同时，对各层次班级和任课教师的评价，不搞一刀切，教务处根据学校实际，按模块化管理的要求制定出分类评价的标准，升大班与升大班比，平行班与平行班比，三类班与三类班比，确保在对教学质量公正评价和监督的基础上，促进各层次模块都有不同程度的进步。

（二）以教学为基础，营造和谐的课堂文化

课堂文化是指在课堂教学活动中形成的，并为师生所自觉遵循和奉行的共同的课堂精神、教学理念和教学行为。沙溪理工学校发现，教学现实中存在着许多不和谐的音符，如不平等的师生关系、教师滞后的教学理念和方法、随意的教学行为等都严重制约了课堂教学的效果。

在教学管理中，作为管理者有必要对日常教学行为做出一些规定性要求，努力去营造一种和谐的课堂文化，以尽可能少的时间、精力和物力投入，去收获尽可能多的教学成果。沙溪理工学校提倡三种执教精神——乐业、敬业、勤业。因为沙溪理工学校坚信，乐业才能敬业，敬业方有勤业精神。勤字当先，实干兴校，以勤补拙，是干好学校工作的前提。一个教育者，只有落实一个"勤"字，才能勤奋好学，学以促教，才能抓实课堂，在课堂里辛勤耕耘，才能提高教育教学质量。在生活和工作中，无论是管理者还是教师，是学习还是施教，是管理的主导方还是被导方，若能设身处地地为对方着想，将心比心，就能以心换心，就能取得各方的支持、配合、宽容，校行政与教师之间就会多一分尊重，多一分理解，多一分和谐，这是"本"。"标""本"兼治，提高教育教学质量才能得到有效落实，建设学习型教师队伍等工作才能不折不扣地进行，构建新的教学管理文化，促进学校的和谐发展才能从根本上得到推进。

（三）以校本为依托，重构特色教研文化

在教研工作管理中，教学研究的开展状况和活动水平直接影响着教师教学水平的提高，因此，教研是教学工作的重要内容，要每学期统筹安排，以大带小。教学研究有课堂教学研究、专题研究、教改试验等，教研活动的开展以学科为主，结合各科教学的实际，把各科共性问题的研究和个性问题的研究结合起来。教研活动是否有成效，主要是看活动的数量、工作的质量和取得的成果，教务处在教学研究管理中要紧紧抓住数量、质量、成果三个要素，要求三位一体共同实现，并以此作为检验教研工作的标准。

此外，学校组织开展"我的质量观"大讨论等教学研讨活动。学校在全校范围内开展了关于如何提高教学质量的大讨论，组织了"教学质量大家谈"征文活动和"我的质量观"教学沙龙活动，积极探讨在当前形势下如何提高教学质量。各科任课教师认真分析了自身影响教学质量提高的因素，制定了针对性较强的整改措施。全校每位教师都撰写了《我的质量观》演讲征文及《教学质量提高的因素分析及整改方案》。

通过举办校教研节和以教研组为单位的各种公开课，形成每位教师认真参与课堂教学改革的良好制度。在上课活动中，教师认真到场听课，课程完成后，讲课教师说课，听课教师评课，做到集体交流、取长补短、共同提高。公开教学活动有力地推动了教学质量和教师水平的提高。另外，学校还推出预约听课、推门听课等形式为教师交流创造条件。

六、以人为本，通过促进教师的专业发展影响学生成长

要培养优质的学生，先要培养优质的教师。在师资建设方面，学校打造"有为才有位，有位更要有为"的团队精神，形成"以学校为家、以工作为乐、以学习为命、以奉献为荣"的行政班子，并创造各种机会让教师学习先进职教文化和企业文化，派出11名优秀教师到新加坡、4名优秀教师到德国学习先进的职教经验，十几位名教师参加国家级培训，上百名教师参加省级骨干教师培训，每年都安排教师到企业顶岗实训，有些教师甚至成为企业的员工。

正如《教育——财富蕴藏其中》中所强调的，"人既是发展的第一主角，又是发展的终极目标"。教学管理者的管理工作是科学地、有计划地去

帮助、促进教师的发展。同时也体现出教师是专业人士的认识，即教师是有一定专业知识的、有才智的、有敬业精神的人士，并把这三点基本认识作为教师首先必须具备的认识，这是对教师尊重、信任的表现。

着重抓好师德教育。学校开展了以"爱教育、爱学生、爱自己"为主题的"三爱"师德教育活动，继续抓好以《沙溪镇教师工作规范》为主要内容的教师行为规范教育，引导广大教师自觉加强师德修养，在思想政治上、道德品质上、学识学风上以身作则、率先示范，切实履行好传播知识、倡导文明、塑造灵魂的神圣使命。

扎实开展教师专项培训，促进教师专业水平提高。学校重点抓了青年教师的培训和培养，以此来促进青年教师提高整体素质，在教学岗位上尽快成长起来。同时进一步完善导师制，开展了"师带徒"活动。教务处协调各部、学科组选拔出骨干教师，分配给3年教龄以下的年轻教师当"师父"，做"导师"，并签订《拜师协议》。导师对所带徒弟负有全程指导的责任，师徒间要互相多听课、多探讨，以求共同提高。此外，加大对教师的专业技能培训，通过各层次的培训，教师业务素质和专业技能得到极大提高。

深入实施"名优工程"。学校大力推进"人才强教"战略，鼓励与支持优秀人才和优秀群体脱颖而出。学校有全国级教育工作者1人，省基础教育系统名校长1人，省职业教育系统名校长1人，教学名师1人；市名校长1人，市名师1人；镇级名教师和学科带头人共21人。以名师带动"优势学科、优势班级、优势学校"的形成，努力实现"三强"（强科、强班、强校）目标，促进优质化学校的形成。

七、学生达到"内和谐"，走上社会实现幸福人生

立足学生的"内和谐"而进行的一系列教学改革，真正实现了学校办学理念所提倡的"让学生靠优秀的技能去创造幸福的生活，靠良好的品德去赢得社会的尊重"。

例如，学生刘某毕业后到中山市某罐厂工作，从一位普通工人成长为车

间主任。他在自己平凡的工作岗位上大搞技术改造，实现大小革新和改造20多项，直接创造经济效益300多万元，综合经济效益800多万元，为促进企业生产发展、技术进步和效益提高做出了不平凡的业绩。他先后荣获中山市十大杰出青年、中山市劳动模范、广东省劳动模范、全国五一劳动奖章、全国劳动模范等称号，还成为北京奥运会火炬手。

毕业生陈某，8岁时遭遇一场意外导致左手残疾，自信心深受打击。在学校读书时，通过教师的引导和帮助，她变得乐观自信，凭借创意和能力在技能大赛时单手做出一件精致的女西装，令评委震撼，观者动容。经过3年的学习，陈某找到了自己的梦想和人生的舞台，她创立了自己的服装品牌，成立了属于自己的公司，在珠三角地区多个大型商场开设专卖店，正一步步走出国门，走向国际。

第四章

他山之石，学习借鉴

新西兰职业教育发展模式研究

广东省与新西兰有着悠久的友好交往历史，2012年6月，时任广东省委书记的汪洋带领包括广东省教育厅领导在内的代表团访问新西兰，与新西兰总理约翰·基、经济发展部及高教部部长乔伊斯就推动广东和新西兰务实合作达成了广泛共识。同年，中国国务委员刘延东访问新西兰，教育部部长袁贵仁和新西兰教育部帕拉塔部长签署了《关于教育与培训的安排》，更进一步推动了双方在教育领域的合作。广东省教育厅本着"先行先试"的精神，经国家外专局、省外办审核批准，于2013年11月6日至26日举办了广东省中等职业学校校长新西兰培训班，培训考察团由广东省对外经贸学校等15所国家示范性中职学校的校级领导及广东技术师范学院师资培训中心领导共16人组成。

赴新西兰培训期间，培训考察团先后到新西兰的怀卡托理工学院、基督城理工学院、坎特伯雷学院、艾芬茂高等学院、林肯高中、帕帕努伊高中、尤比设计学院等院校及新西兰教育部国际司、惠灵顿商会、基督城教育委员会、中国驻奥克兰总领馆教育处等单位进行了学习培训和考察。

新西兰人很小就开始接受教育并且可以在一生中不停地学习。大学教育、理工学院与中学教育之间的"立交桥"，使各类证书、文凭、学位之间畅通衔接。而新西兰的职业院校（理工学院与中学）不仅拥有先进的教学设施、高水平的师资队伍、花园式的校园及人性化的管理，它们科学的办学思想、准确的办学定位、鲜明的办学特色和国际化的视野更令人惊叹。

一、基本情况

（一）领导重视，内容丰富，培训工作圆满顺利

此次培训，省教育厅领导及相关部门多次协调，精心策划，为培训班做了大量的前期准备工作，制订了详细的培训计划和课程安排。出行前，省教育厅高中与中职教育处调研员、对外交流合作处处长亲临开班仪式，勉励学员"多听、多看、多想，学有所获"。

通过培训，学员们了解和学习了新西兰教育体制，新西兰职业教育和学历评估体系，理工学院学生成绩测试与评价，新西兰教育经费的拨款，教学策略和实践，教学方法论，学生就业支持，在教学中的创新，教学质量控制体系，学生实践项目案例，中新职教合作案例分析，理工学院教师聘用、管理及能力提升，开发和应用计算机网络教学系统，新西兰教育的国际化，惠灵顿商会在行业与教育紧密对接中的作用，基督城教育委员会的职能，基督城震后学校的重建与教学的改变，理工学院与中学教育之间的衔接；他们还实地考察了多个理工学院内各专业的教学和实训实习环境、高中学校、教育管理部门和行业商会等；调研和观摩了新西兰的多元文化。培训学习中，培训班学员们也探讨了新西兰经济社会和教育的协调发展问题，对新西兰教育尤其是职业教育的现代化可持续发展等有了全面的了解和深刻的认识。

省教育厅高中与中职教育处处长专程参加了培训班结业典礼，在听完团长关于培训学习的总体情况汇报后，充分肯定了培训收获及培训取得的丰硕成果，并与院长一起为学员们颁发了结业证书。

（二）学员认真，成果丰硕

对此次培训，学员们都十分珍惜，自觉遵守纪律，克服了生活和语言上的不适应，不折不扣地完成了学习培训任务。在课堂上专心听课、认真笔记、积极思考、踊跃发言；在参观时用心听讲、细致观察、认真拍摄、不时提问；在讨论时人人争相发言，或交流心得，或谈反思，或分析引证，或存疑求解，以至于经常出现到了下课时间，学员们还在争相向老师提问，不愿

下课的场景；学员们还利用中间休息和用餐时间抓紧与老师交流。学员们的学习热情也常常感染老师们，他们都说我们这个培训班的学员是学习最认真的，教授还戏称我们是一群"问题"学生。

通过听课讨论、交流互动、访问考察、讨论总结等多种形式，我们全面和深入了解了新西兰的职业教育，学习了新西兰现代职业教育先进的理念、方法和手段，也引发了我们对国内职业教育发展尤其是学员各自所在学校今后发展的进一步思考。学习培训时间虽然短暂，但学员们均学有所获，学习培训的成果是丰硕的。同时在培训交流过程中，培训班不仅达到了向新西兰学习的目的，也起到了宣传中国、宣传广东、宣传各自学校的作用，为促进新西兰和广东省职业教育的国际交流与合作起到了积极的作用。

二、主要收获

（一）完善和独具特色的新西兰教育体制

1. 新西兰教育体制概况

新西兰拥有完善的教育体制和一流的教育质量。新西兰人很小就开始接受教育，并且终身持续学习。绝大部分孩子5岁开始上学，法定12年义务教育，5~12岁是初级教育阶段，13~18岁接受中学教育。从中学到大学，新西兰开设世界一流、全球认可的学历课程，有严格的教育质量保证。小学学制为6年，中学学制为7年，大专学历1~2年，学士学位3~4年，硕士学位2~3年，博士学位3~5年。

新西兰制定了国家10级学术学位水平评价等级，从中学后三年开始对学生考核评价，1级为短期培训，2~4级为高中水平，5、6级为理工学院大专学生水平，7、8级为大学或理工学院本科学生水平，9级为硕士研究生水平，10级为博士研究生水平。

新西兰的大学、理工学院、教育学院、毛利传统教育学院、私立培训机构、教育基金、行业培训组织和成人及社区教育机构为社会提供义务教育之后的各项教育服务。

新西兰政府确定本国的教育方针是"获得最高水准的成就，使每个学生作为个人和社会成员能够充分发挥自己的潜能"。新西兰政府对其中小学教育所提出的宏观目标是"使学生在基本的学习领域和基本技能方面取得高水平的成绩"，强调"以学生为主，以学生为中心"这一教学理念在新西兰得到最充分的体现。

2. 新西兰教育体制的创新与特色

独特的新西兰教育体制尤其是中学后教育体制极具创新性。与很多国家相比，新西兰中学后教育体制覆盖面广，受教育者水平跨度大，不仅涵盖了通过证书、学历、学位（学士、硕士、博士）的教育，还包括行业培训、岗前培训和成人及社区教育，共有10个水平层次。这一广义的教育使中学后教育体制成为各种教育机构的集合，形成了顶层设计优化的生态教育系统。该体系建立在国际化水准的基础上，既继承了欧美教育体系的优点，又有新西兰根据其国家自身实际的改革创新，是国际化与本土化结合的成功典范，其特色在于：一是与国际接轨的对外开放性和保持自身特色的内部活跃性的完美结合；二是在有限的资源环境范围内提供了国家需要、市场需要和学生需要的系统教育，使新西兰教育发展与国家经济社会环境发展协调一致；三是该体系是科学可持续发展的体系，因其考虑到了各种水平、各种年龄人群的终身教育，构建了学习型和创新型社会，促进了社会和谐可持续发展；四是该体系使精英大学教育体系扩展到中学后大众教育体系，与国际大众教育体系有效接轨。该系统是教育改革适应经济改革的创新之举和产物。新西兰的企业主要是中小型企业，多为出口型和服务型，服务业中旅游成为主要产业，目前新兴的产业主要是生物技术、信息和通信技术、动漫设计及制作，这四个领域成为国家经济新的增长点。国家的经济结构调整和经济发展方式发生了根本的转变，其教育改革与其宏观经济改革紧密联系，教育的发展引领和适应了经济社会的发展。

（二）建立在终身学习理念基础上的新西兰职业技术教育和培训

100多年前，新西兰人就已经意识到与诸多大学所提供的学术理论教育相比，技术培训和职业教育更为重要。尤其是近10多年来，新西兰政府更是十分重视发展职业教育，目前，除了有400多所承担了一定职业教育职能的高中学校外，还拥有20所公立的理工学院（国内的职业院校），以及1000多个行业及私立培训机构，职业教育体系得到进一步的完善与发展，为新西兰经济、社会的发展奠定了基础。

1. 与各种层次教育的有效融通和相互衔接

新西兰的理工学院、行业技术学院、私营培训机构以及实习基地是职业技术教育的主要提供者。此外，有些课程也在中学教授。新西兰没有专门的中等职业技术学校，中职学校的职能由所有高中学校承担，高中学校为13～18岁学生提供内容广泛的NCEA高中文凭课程，其中就包含能与理工学院对接的职业类选修课程，因此，学生在高中1～3年级就可进行逐步分流，学生可根据自己的意愿和NCEA文凭证书选择就读职业类理工学院或进入综合性大学学习。据了解，大学主要侧重于科研和研究型学科，而理工学院主要侧重于应用型教学。在新西兰国家教育体制中，新西兰职业技术教育和培训实现了与各种层次教育的有效融通和相互衔接。

2. 以实际需求为导向的终身教育与培训理念

新西兰职业教育和培训是建立在终身教育理念基础之上，办学重点是提高实际工作能力，形成了"学习—工作—再学习—再工作"的良好机制。以理工学院为主的职业教育提供的教育和培训，既要为受教育者提供高等学历证书教育，又要提供职业资格证书教育，教学完全按照行业规范来进行，贴近实际，并且根据社会需求及时调整办学方向和课程设置，紧跟经济发展步伐。在提高全民素质、实现终身教育、帮助政府解决部分失业问题、缓解和调节就业压力等方面成绩巨大，对新西兰经济和社会发展发挥着越来越重要的作用。

在新西兰，接受职业教育与培训已经成为人们生活的重要部分，而且参加职业教育和培训的人数在逐年稳步上升。在接受职业教育和培训的人员中，既有五六十岁的老人，也有怀揣大学毕业证的中年人，还有已工作多年的职员，他们或是为了重新就业，或是为了转换岗位，或是为了进一步升职，在理工学院都能获得自己所需要的职业教育与培训。职业培训没有空间和时间限制，地点可以设在工作岗位、相似的工作环境和教室中进行，培训班根据不同需要设有业余班、晚班、周末班；没有年龄和区域的限制，15～65岁人人都可以参加培训，在城市和乡村都能找到培训点；没有学习内容和学习方式的限制，理工学院开设的课程从受训者的需求出发，学习的方式可以随着受训者的接受能力和时间进行调节。这种开放、灵活的学习模式，造就了新西兰独特的终身教育体系。

3. 以能力为本位的职业技能资格证书制度

新西兰开发了上下贯通的职业技能资格标准，突出以能力为本位、以职业技能资格证书为导向。在资格证书体系下，职业资格证书和学历证书之间实现了衔接。新西兰十分重视实际操作技能，不断强化职业培训机构实践教学基地的建设。职业培训机构的课程设置与技能鉴定严格按照统一的行业技能标准和国家统一的职业资格证书制度要求进行，行业职业技能标准有全面、翔实的内容。另外，行业也参与职业培训和监督，对职业培训很认同，从而增强了职业资格证书的含金量。

注重能力培养，并以此作为审核评估职业教育质量的方式被认为是培养能成功适应全球经济竞争的劳动力大军的可行之路。

4. 灵活实用的阶梯课程

理工学院独特的阶梯课程灵活实用，学生的学分可以连续累积，可根据需要选择后续的教育课程。学生只要修完规定的学分，便可以获得相应的学位和文凭。以怀卡托理工学院为例，可以授予学士、硕士、博士学位，可发专科、本科、研究生文凭。

理工学院学生的学习形式也呈多样化，可以选择全日制或兼职课程，也可以选择函授或网上学习。如此安排有利于学生根据实际情况选择学习，使就业前的学习和就业后的学习有机结合，有利于学生逐步分段学习，为在职人员提供了学习的机会并为其提高职业岗位技能创造了条件，更大大提升了学历教育与职业教育为社会提供人才的效率和效益。

5. 严格而有效的质量保障

新西兰所有院校提供的学历文凭必须是在NZQA（新西兰学历评估委员会）设立的10个学历质量认可等级中注册的。职业教育在新西兰一般提供证书和专科文凭两种课程，岗前培训（就业前培训）1级到2级，证书文凭3级到4级，专科文凭5级到6级。

新西兰职业技术教育基于一个国家级的学历证书的框架，注册者将主要受ITO's（国家行业培训委员会）的严格控制，ITO's代表了行业对特殊劳动力的需求，他们在标准单位课程的基础上制定了国家级证书和国家级文凭，这种标准单位课程运用了以能力为基础的评估方法。该证书的颁发包括了在职和脱产的学习经验，并且该证书受国家级机构NZQA认可。每三年一次，NZQA将对所有提供学历和证书课程的院校进行一次全面的评估，以保证职业院校的办学质量。

6. 多元办学的各类职业教育与培训

（1）办学主体多元。新西兰有多种多样、相互补充的职教机构，主要包括理工学院、行业技术学院、成人与社会培训机构、私营培训机构、企业培训机构等，办学主体呈现多元化特点。

（2）投资主体多元。新西兰建立了政府、行业、企业和个人多元化的职教投资体制。

（3）办学形式多样。新西兰职业教育采取了灵活多样的办学形式，一校多制是其办学特色。一所学校有职前教育，也有职后教育；有正规的学历教育，也有非正规的短期培训；既开办短学制的基础性职业教育，也开办学制较长的中等和高等职业教育（准文凭教育）。不同层次的职业教育形式灵活多样，既可连续进行一次完成，也可分阶段实施分步完成；既可实行全日制，也可实行半日制或利用业余时间，在较长时间里运用灵活的方式逐步完成学业，拿到相应的证书或文凭。灵活多样的办学形式，既体现了新西兰职教特色，也大大增加了对社会需求的适应能力。

7. 行业商会、企业积极参与职业院校教学和管理

新西兰相关行业协会组织（如我们参访的惠灵顿商会）的一项重要使命就是协助政府提供最新的岗位要求及近期就业信息，以及指导职业院校的专业设置，并帮助学习者选择专业方向。职业院校的课程以行业组织制定的职业能力标准和国家统一的证书制度为依据，每一类证书、文凭需要开设哪些课程等问题均由各相关行业培训理事会及其顾问组织根据就业市场信息、相关岗位技能要求和能力标准而定。行业、企业积极参与职业教育经费的管理与投入，帮助职业院校建设实训基地或通过接待学生实习参与学校的管理与实践教学。

8. 国际化程度和水平不断提升，充分利用海外教育资源发展自己

新西兰政府认为，教育的国际化是新西兰未来竞争力的根本所在。所以，新西兰理工学院（如我们参访的怀卡托理工学院、基督城理工学院等）均设有国际部，理工学院的国际交流与合作活动相当活跃。其模式主要有两种：一是与周边国家开展合作办学，如为中国、印度、泰国等国提供专业教师培训或语言教师培训。二是大量吸收海外学生到理工学院或各类职业培训机构学习和进修，吸收海外学生成为理工学院重要的办学形式，同时使学院获得了高额收益。

三、启示

（一）政府重视对教育尤其是职业教育的投入

新西兰政府每年对教育投入均超过GDP的6%以上，在高中后教育上的投入占GDP的1.9%以上，仅次于公共卫生，教育的发展不受资金瓶颈的制约。以理工学院为主体的职业教育除接受政府拨款外，还通过收取学费、各类机构或社会团体及个人的捐助等筹集办学经费，其中对国际学生收费较高，约为本国学生的4倍，多渠道的资金来源解决了职业院校办学经费的问题。

（二）各教育管理机构各司其职，相互独立，有效监管学校办学质量

依据新西兰1989年修订的教育法，政府在教育管理中的作用主要是制定

发展战略、拨款和学历审查等。在国家层面的机构主要有教育部（MoE）、高等教育委员会（TEC）、新西兰学历评估委员会（NZQA）、教育检查办公室（ERO）及质量保障的各种团体组织。教育部负责国家教育战略规划和政策的制定及教育系统绩效的评估；高等教育委员会负责政府教育资金的分配，评估教育提供者的绩效；新西兰学历评估委员会负责独立判断新西兰公立大学以外的教育机构的教育教学质量；教育检查办公室负责教育督导全国除高等学校之外的其他学校和早期幼儿教育服务中心。以上机构分别隶属政府及国会部门，相互独立，各司其职。由此可见，新西兰的各类院校虽然自治程度很高，但是国家及行业监管机构对其教学质量的控制是很严格的，避免了教学的随意性，保证了教学质量。

（三）（高等）职业教育国际化程度高

新西兰国际化教育程度高，不仅表现在国际化的教育理念，而且表现在师资来源、学生生源及学生就业的国际化。

在教育理念方面，它具有全球化的教育观念、国际承认的教育水平和教育质量、国际水准的高效服务意识和管理体系。

在师资方面，许多高校面向全球招聘高素质人才，包括教学人才、科研人才及高层管理人才，为他们提供优越的工作条件及福利待遇。以怀卡托理工学院为例，为我们上课和参与辅导的15位教授讲师就分别来自7个国家。一流的师资，保证了一流的教学水平，从而也保证了新西兰在全球教育中的靠前地位。

在学生方面，大部分理工学院（高校）都招收国际学生，并且国际学生比例逐年增加，这不但可以大大增加学校收入，也可以提高国际化水平，促进文化的多元化发展。

（四）进一步加强职业资格证书制度建设

职业院校的办学和教学要与行业、企业生产需求，与就业市场需求和劳动者提高技能的需求更加紧密地结合起来，严格实行学历证书和职业资格证书"双证书"制度，逐步实行职业资格准入制度。要从主要满足学历教育需求逐步形成学历教育与职业资格证书教育并重，以提高学员从业能力为主的局面。

（五）建构各类教育融通衔接的"立交桥"

新西兰的高中阶段（第13年）学生就可根据自己的愿意及NCEA证书等级选择毕业后升学或就业，如选择就读理工学院，则学生在高中阶段选修的对应专业的课程可获得理工学院相应的学分；而学生在理工学院毕业后也可选择就业或升学，如选择继续升学，则学生在理工学院学习的课程学分又可以在大学获得相应的学分。各学历层次的国民如果工作一段时间后想再到高等院校深造，也可凭原来学习的课程学分获得相关课程的免修，教学规则严格而不失灵活，各类教育融通衔接。我们应积极借鉴这种做法，尽快构建我国中职与高职教育、高等本科教育、研究生教育之间更加灵活的沟通和衔接，以适应我国经济社会发展对多层次应用型人才的需求。

（六）推陈出新实行多元化办学体制，增加职业教育投入

要鼓励公私联合办学，鼓励社会力量创办职业教育，不断改善职业学校的办学条件。要在职业教育管理中大胆引入竞争机制，鼓励学校内部、职业学校之间、正规职业学校与社会培训机构之间的竞争，以竞争促特色，提高职业学校学生的职业竞争能力和就业质量。

以无界合作，创有为文化

斯蒂芬·茨威格在《人类群星闪耀时》中说："一个人生命中最大的幸运，莫过于在他的人生中途，即在他年富力强的时候发现了自己的使命。"笔者有幸参加南洋理工学院国际之广东省职业教育专能开发项目NYP办学理念与院校管理研修班，对新加坡发达的职业教育经验受益匪浅，更加深切感到中国职业教育系于我辈有所作为的使命是如此迫切。

在两个星期的学习中，笔者亲身体验了南洋理工学院的组织文化、办学策略、办学特色、教学理念、数字化校园建设、行政管理、学术管理体系、综合科技教学环境、专业课程开发、课程评估与反馈、教学设计、项目教学法、电子教学开发、学生企业实习计划、继续教育等方面的经验和方法，这些已广为前行考察者多次介绍，在此不再赘述。笔者印象最为深刻并想重点谈论的是——南洋理工学院的无界化组织、教学工厂、无货架寿命、经验积累与分享等教学和管理理念。其中，笔者认为"无界化"思想是以上理念的起点——南洋理工完全承认人和事物本身不可圈限的实力与潜力，并致力于打破校企之间的界限、人的年龄界限、经验传承的界限，才实现了教学和管理上的一系列创新。

接下来，笔者以"无界化"为主线谈谈感受，并结合学校实际分析如何学习借鉴。

一、南洋理工学院先进的理念与方法

（一）一切源于"无界化"

"无界化"是指将团体各个职能部门之间的障碍消除，便于部门之间的沟通合作；把各种有形无形的"边界"打通，降低成本，提高效率，让改变与创新变得更加容易和迅速。

南洋理工文化外在形态在于"无界化"，核心价值在于"有为"，即让师生在非限制性的职业环境中最大限度地挖掘自身潜能，不断实现和提高自我价值，并培养学生不断创新的职业能力。在无界化理念的引领下，职业教育的力量是内生的、主动的。无界化的理想是发挥个人和团体能量的最大值，手段是尽可能消除合作各方中间的界限和壁垒。无界化不是自由散漫，而是以每个人都能发挥价值为前提，即每个人都能根据自身的发展目标和职业能力、选择具体的项目来有所作为——有作为才有地位，这也是衡量个人和团体价值的落脚点。

基于这样的思想，南洋理工打造了无界化校园、人才引进无界化、技术无界化、学科专业无界化等创举。例如，学校在规划布局方面，将电子工程、信息科学、生物与医学、化学与药剂四个院系结合在一起，联合建设科技园，并把科室与实验室结合在一起，使教学与科研、项目研究融合在一起。在项目开发和制作中，各院系教职员工积极参与，实现了教师之间合作的无界，也体现在第三学年学生开展毕业项目时不同专业学生合作，以及在企业实习的学生部门之间合作的无界。

（二）教学工厂突破时空界限

"教学工厂"的核心理念是"超前培训"和"处处创新"。学校是教师和学生进行教与学的场所，又是承接企业产品设计、加工、开发任务的工厂，企业为学校提供项目，并成为学校的实习基地。"教学工厂"不是把现在企业的生产项目拿到学院来做，而是把企业未来的项目拿到学院来做，这样就避免学校师生成为现有生产技术的重复者，而是根据企业现有生产情况进行新生产技术开发，以此走在企业的前面，也真正实现了技能人才对于企业发展的核心价值。

"教学工厂"在课程体系、教学方法、实训基地建设等重要方面也体现无界化。课程体系与内容由系里自主决定，根据校企合作项目而设，保证师生有充分的时间和自由学习并实践有用的专业知识技能。在教学方法方面，南洋理工采取的是"基于问题式学习"或"问题导向性学习"的教学法，让学生通过合作解决真实的问题，消除知识转化为能力的障碍，提高学生自主学习、终身学习的能力，增强了学生人际交往和协作的能力。南洋理工实训基地由校企共建，设备来源于企业并高于企业，避免培养的人才跟不上时代要求。这样的基地规模性与综合性并举，不仅满足了教学需要，还满足了师资培养、社会培训等需求，使得基地不仅追求高仿真的模拟，还能提供真实的产品和服务。

（三）"无货架寿命"的学习精神

"无货架寿命"的灵感来源于商场货架上的商品一旦过了保质期就得下架报废，要使教师永远不过期，就需要打破年龄的界限，贯之以学习进步。学校对师资建设和价值衡量不单单看重年龄与资历，还看重教师实在的创造力和学习力，并不断开拓各个领域内的专业知识和技能，提升教职员工的专业技能，完善师资系统的运行。要保证教职员工能够胜任并超越本职工作，就要使每位教职员工每年有1个月的进修时间，或学历提升，或专能提升，或转岗培训。学校根据项目的需要，不断开设新专业，在此之前，派教师到企业或国外学习。当教师提出进修请求时，只要是符合学校工作需要的，学校就要支付所有费用，因此，南洋理工学院每年计划投入5%的收入用作教师的进修提升。

南洋理工学院招聘教师时特别注重应聘者的企业工作经历和经验，一般要求应聘者有5年的企业工作经历，并具有良好的沟通与表达能力及较强的企业项目开发能力。南洋理工对教职工评估的主要内容包括三个方面：一是工作态度及总体表现；二是教学工作情况及表现；三是非教学情况及表现。评价的总体导向是，鼓励教师综合发展，积极为所在部门或学院做贡献，要求教师具备专业、管理、服务的精神，并强调团队合作及工作质量。在这种评价体系下，教师必须保证自身价值不断增值，需要不断学习，以提升自己的业务、管理和服务水平。学校与教师共同拥有的学习精神，让学习、培训、提高成为一种主动的行动，从而为学院整体素质的提升创造了条件。

（四）经验积累与分享实现多赢

文化是指人类根据以往的实践经验所获得的知识、经验进行创造文明成果的过程。创造过程经验的积累与分享是文化的根本魅力。由于大部分学生要在教学工厂进行9周的项目教学，而在有限的时间内一个项目往往无法完成，需要下组学生继续跟进，为避免重复工作以致浪费人力，南洋理工打破个人主义，用经验的积累与分享来解决这一难题。这包括理念的分享、技术的分享和成果的分享。科技成果与经验分享是学校将开发的项目和先进课题设计成果加以保留，存放于公共数据库，便于师生借鉴、学习，共同分享。南洋理工相当重视人际资源的经营，与政府、企业、离职的员工等都保持良好关系，以获得多方的资源协助与合作，并在此过程中实现双赢或者多赢。

在这个过程中，学校保护每个人经验的专利，同时规定有被共享的义务，从而合成学校的公共资源，打破了经验的人际界限。同时，学校每个学期根据课程要求设置不同类型、不同深度的"教—学—做"一体化项目让学生参与。项目成果用于教学，形成良性循环，并鼓励学生参与国内各种创作大赛，培养高科技人才，并将比赛结果进行展示以鼓励学生。

二、南洋理工之于沙溪理工学校的发展启示

沙溪理工学校创办于1991年，南洋理工创办于1992年，虽然两者的发展成就不能同日而语，但从经济角度看，新加坡20多年前的经济状况与现在的中山非常相似。因此，两者从发展过程来看，是有相似点和契合点的。同时，沙溪理工学校也存在许多发展的难题和困惑，借鉴南洋理工进行改革具有可行性。

目前，沙溪理工学校形成了"专业对接产业链"的"中职沙溪模式"，即"专业拓展对接产业、实训中心对接产业、专业教学对接产业"，产学研一体化初具规模，校企合作、工学结合的延伸与发展，专业建设向融入产业链纵深发展。学校与中国纺织科学院、中山市科技局、广州美院等10余所高校、100多个企业等开展全面、深度和高端的产学研合作，不仅把产品研究与开发、产品展示与销售等企业必须解决的问题当作自己的重要课题加以研究，把自己的专业设置和企业的生存发展紧密结合起来，还把自己的专业建设和产业链结合起来。与新加坡"出产品"概念相同的是，沙溪理工学校与企业联手开发变温色差面料制作的服装在世博会上获特许经营，受到了广大消费者的青睐。沙溪理工学校正在筹建中山市设计师村（中国沙溪创意园）等，也将提升学校的创意和技术含量。

同时，沙溪理工学校目前存在的主要难题在于专业建设、校企合作、师资队伍建设、文化建设等方面，这恰好能从南洋理工身上获得良好的启示。初步采取了以下措施。

（一）校内无界化：人人有项目，专业有合作

根据我校经费和场地短缺等实际情况，我们应当将学校的人力、场地、设备、实验室、校内外实训基地等资源进行合理、有效的整合。运用"无界化"的概念，把我校的服装设计与制作、工艺美术、计算机、会计、汽车运用与维修等专业整合起来，借助我校国家及服装实训基地、国家级纺织品检测中心、中山市休闲服装工程研究开发中心、中山市服装设计师协会等机构资源，引进项目。如开发一个服装销售网站大项目，可以分成若干个专业合作的小项目，服装产品设计可由服装、工艺美术两个专业合作，广告设计、网页设计可由工艺美术和计算机两个专业合作，网上交易平台可由计算机和会计两个专业合作，货品出仓与配送可由会计和汽修专业合作。这样一来，学校的各个专业都能有共同的项目，打破了各专业的各自为政，达到了专业知识的相互促进和补充。同时，让基础课教师自主选择参与项目，参与项目统计（如数学教师）、协调（如体艺教师）、报告撰写（如语文教师）、翻译（如英语教师）等，有利于"双师型"教师队伍的培养。

（二）"教学工厂"无界化：产学研一体化平台延伸

近年来，由我校承办的中山市休闲服装工程研究开发中心、中山市服装设计师协会迅速发展，其生产、教学、科研、检测、展示、销售的"六大平台"在服装产业发展中发挥着越来越重要的作用，使得我校产学研一体化逐步走向全面、深度、高端。正在建设中的中国沙溪设计创意园、国家级服装实训基地和检测中心也将打造集创新设计、产品研发、品牌孵化于一身的产学研基地。这一基地将致力于推进中山市纺织服装行业创新研发与设计水平的提升，服务当地经济社会发展。

受南洋理工"教学工厂"启示，我校要更加面向市场，立足企业需求，以项目为原则，打破以上各个组织之间的障碍，建立合作运营的有效机制。在独立的组织内，也要打破其中的各种障碍，不但要学习现有的生产技术，更要致力于改造创新。我校为多家服装企业引进和辅导IE生产管理系统，并产生了明显的效益，接下来，将组织人员对系统进行使用评估，加以改善，提高效率。同时，对我校实训基地的设备和人员进一步配置与优化，通过承接企业项目，让师生模拟企业生产情景，为企业进行项目开发。

（三）师资建设：能力为先，有为才有位

师资兴则学校兴。沙溪理工学校要学习南洋理工学校引进、培训教师的经验，以人为本、和谐发展，让教师每年定期下企业和外出学习进修，成为企业技能的楷模、学生的良师益友、学校的合伙者，推动"无界化"教学活动。给予教师自由，并以有效作为来进行考核。教师的各种工作将在网上公布，每个人的工作都是透明的，这样便于教师工作，使教师之间的沟通渠道更顺畅，同时也便于其他教师监督。改善教师的精神面貌和技能水平，使教学教育能力有新的实效，"双师型"教师队伍的比例有所提高，参与项目开发的教师有所增加，部分教师成为在当地行业有话语权的专业人才。

（四）文化建设：以人为本，合作发展

"无界化"意味着无数的个人和组织不断碰撞与融合，在这个过程中，风气的形成和制度的保障就显得尤为关键。"以人为本，合作发展"一直是沙溪理工学校文化建设的根本方向，并以平等、合作、发展的姿态与师生建立合作发展的文化认同：于教师，是合作发展，各司其职，共同做好职业教育事业；于学生，是让学生学会做人，学好技能，为学生幸福而有意义的一生打下良好基础。借鉴南洋理工的经验，我校将大力引进企业文化，参照企业管理模式，用优秀的企业文化理念来带动学校管理和发展，形成创新、突破、超前的文化意识，重视交流，尊重个性，与企业保持紧密联系，从中获得经验和资源。

（五）学习国际经验的精髓

"他山之石，可以攻玉。"新加坡借鉴德法日的经验获得成功证实了这一点。虽然各国的实际不尽相同，但对于阶段性的难题是存在共性的，可供借鉴。近年来，沙溪理工学校与美国、日本、英国等多个考察团开展交流，并派遣优秀教师到德国、美国、新加坡等发达地区学习，取得了一定的效果。在今后，沙溪理工学校将从表面的学习转向深入的分析，对发达国家和地区解决职业教育的根本性难题进行思考，在合作中学习，在学习中合作，逐渐明晰自身的状态，保持创新的动力。

综上所述，南洋理工学院一切成就的获得，都源于学校始终有一个坚定的信念：让学院成为一所优秀学院，这完全取决于人。南洋理工学院是华人创办的，是我们中华民族的智慧结晶，证明我们华人具有合作创造的能力。无论中国职业教育面临多少困难，我们都将逐步打破障碍，一人之力合众人之力，改革创新不止，中国职业教育必将与时代同步！

基于IMI项目的中英合作现代
学徒制试点的探索与实践

中山市沙溪理工学校汽车应用与维修专业被中山市教育和体育局公布为首批中等职业学校"现代学徒制"试点专业，成为全市7所学校7个试点专业之一。

一、目标任务完成情况

学校紧紧围绕项目目标，严格按照招生与招工相融合、校企联合双元育人、建设"双导师"教学团队、建设"现代学徒制工作站"等培养平台、建立与现代学徒制相适应的教学管理运行机制五项基本要求，在人才培养、教学改革、实训基地建设、创新实践等方面实现对照试点任务书自查，主要完成了以下工作。

一是与英国诺丁汉中央学院合作，引入并运作IMI（英国汽车工业学会）项目，构建基于IMI项目的中英校企"双主体三方"精准育人机制。

二是与中山市多家企业合作，签订合法依规的校企合作协议，将二类维修厂开在校园里，把教室搬进4S店，实施招生招工一体化、校企联合育人。

三是在英国现代学徒制培养模式基础上进行本土化实践，构建具有中山特色的"三级递进，工学交替"现代学徒制人才培养制度，按照IMI认证课程教学标准、考核体系和评价指标开展教学。

四是培养一支"双导师"教学团队,共培养学校4名专业教师考取项目实操考评员、内督员资格证,合作企业与学校共同制订培养方案和教学计划。

五是根据实际工作,制定和完善了《中山市沙溪理工学校IMI项目工作制度》等一批管理制度,规范了实训室建设与管理、招生与招工三方协议、学生下企业顶岗实习管理等方面的工作,保障项目顺利稳定推进。

二、工作成效

自获得试点资格后,学校高度重视并全力支持专业部开展现代学徒制项目,成为带动全校专业建设和教育教学改革的新动力,具体工作任务包括校内实训基地建设、校企合作联合招生、培养现代学徒制师资认证培训、建设专业现代学徒制教学资源平台、教学资源包建设等,均取得预期成效。

(一)以IMI项目为抓手,构建中英校企"双主体三方"精准育人机制

学校与英国诺丁汉中央学院合作,引入并运作IMI项目。IMI是一个直接由英国中央政府授权和管理的行业技能委员会,是英国汽车工业领域最具权威性和影响力的职业资格认证及颁证机构,并被全世界60多个国家认可,享有很高的国际知名度和信誉。学校借助该项目的权威性和影响力,与中山市某些企业合作,构建学校、企业、英国"三方双主体"精准育人机制。

学校与英国公司正式合作,开始建设IMI认证实训中心,用于IMI认证/现代学徒制教学班教学。实训室所有硬件、软件及管理均严格按照IMI的国际标准执行。该中心培养目标为:以汽车维修定向教学为主体,通过实训项目进行教学。以现代学徒制为教学模式,以IMI资格认证为核心,借助校企合作的企业资源,通过企业的生产性实训全面提高学生的专业技能。

通过中英IMI项目合作,学校不断深化校企合作机制,构建"三级递进,工学交替"现代学徒制人才培养模式,按照"学生—学徒—准员工—员工"四位一体的人才培养总体思路,实行三段式育人机制。其中最为关键的就是

将企业引入学校，建设中英IMI实训中心，提供的若干岗位就可以完成从技能学习到岗位培训的全部工序，真正实现教学与生产的无缝对接。通过学校、企业及英方（IMI）三方合作，培养具有中英两国认可的"双证书"学生，即学生可同时取得我们国家职业资格证书和IMI资格证书，实现学生"中外双证书"毕业。

（二）建立校内维修厂和校外实训基地，推进招生与招工一体化

为切实做到招生与招工相融合，实现可持续的校企联合双元育人，学校通过"两条腿走路"，进一步整合资源。一是引进具备二类维修厂资质的中山市汽车修理公司开办校内维修厂，将企业引进校园；二是与中山市汽车有限公司合作，派遣教师下企业实岗锻炼，定向接收学生实习、就业，把教室搬进4S店。以上的校内维修厂和合作企业均参与到IMI项目中来。

2015年9月，沙溪理工学校第一期IMI班正式开始教学，共有30名学员参加，所有学生均是由高二年级通过考试遴选出来的，同时拥有在校生和在岗学徒的双重身份，所以IMI班又叫汽车现代学徒制班。为保证招生稳定和用工高效，学校不断规范招生录取和企业用工程序。除了和企业签订合法依规的校企合作协议外，学校还特别明确学生学徒和企业员工双重身份，按照双向选择原则，还与学徒和企业签订三方协议，对于年满16周岁未达到18周岁的学徒，由学徒、监护人、学校和企业四方签订协议，确定各方权益及学徒在岗培养的具体岗位、教学内容、权益保障等。

在招生与招工一体化原则下，基于IMI课程标准的中外合作课程的开发，项目致力于具有地方特色的本地化课程体系的构建及实施。校企根据双方现实资源，共同构建工学结合的人才培养模式，制订人才培养方案，共同制订合理与可行的专业人才标准、课程教学标准、岗位工作标准、企业师傅标准、质量监控标准及相应的实施方案。现代学徒制三年培养计划的实施要求是：三年间要进行学生、学员双主体身份的确定，校企共同完成人才培养的计划等。如第一年在学校完成文化课程学习任务；第二年实行工学交替，掌握专业所需各项基本技能，让学生体验、模仿、尝试、感悟企业文化；最后一年实行顶岗实习，让学生真正参与企业的工作生产，确保学生切实掌握实习岗位所需的技能。

（三）细化教学环节，完善人才培养制度和标准

现代学徒制下的"英国IMI项目"的成果是："招工即招生、入企即入校、校企双师联合培养"，学生兼有学徒和学生双重身份，学校和企业共同育人，改革现有的人才培养模式，进行实车多岗位零距离对接教学模式。根据专业人才培养方案，结合岗位实际，坚持技能为本、能力为重，沙溪理工学校与中山市某汽车维修厂企业按照"学生—学徒—准员工—员工"四位一体的人才培养路径，以企业用人需求与岗位资格标准为导向，以学徒技能培养为核心，以学校、企业的深度参与和教师、师傅的深入教授为支撑，共同制订学徒企业课程实施方案。

IMI项目通过引进IMI合作班教学所需的课程体系、授课计划、考评标准、实训设备、理论及实际操作练习汇编、教学资料等全套教学支持材料，引入英国IMI职业资格认证体系，致力于培养具有国际化视野的高技能人才。按照教学计划，本期教学时长为半年，学生将于8月结束学习并参加考证。课程方面，每周主要安排22节IMI考证课和8节汽车维修工中级考试课。其中IMI考评课程严格执行英方的课程体系和标准，共开设15个项目，每个项目都设有理论课和实训课，实施理论和实践一体化教学模式。学生学习完毕后需通过所有项目的理论和实训考核，才能取得IMI二级证书。

学生除在工作室内完成所有IMI课程所确定的实训项目和理论学习，还要到校企合作企业进行一定学时的生产性实训，完成"学徒"任务。学生在这样的环境下学习，专业理论知识更全面、深入，技能水平提升快，毕业后进入企业能直接顶岗，很受企业欢迎。IMI班第一期30名学员、第二期23名学员不仅获得了国家汽车维修中级工资格证书，还全部获得了英国汽车工业学会认证的IMI职业资格证书，成了名副其实的"中外双证书"现代学徒制毕业生。

（四）培养中英双证共认、校企互聘公用的"双导师"

现代学徒制的实施，需要培养专业更优秀、更贴近企业需求的教师队伍。在此过程中，学校不仅要求学生要参与学习，更要求教师也能走出校门，深入企业一线，了解市场的最新信息和情况，并就此调整教学方法和内容，使其更有针对性，更有效果。借助IMI项目，我们加强了师资队伍建设。吴高飘、张胜龙、刘涛、梁宇恒4位专业教师，获得项目实操考评员、内督员资格，并投身到IMI项目的全程运作和管理过程中。

学校除了安排以上获得IMI认证的4位老师参与教学外，还要求合作汽修厂提供相对应的岗位师傅来共同培养学生，分别负责对学生进行前台接待、机电维修、维护保养、美容洗护、钣喷装饰、保险服务等全流程技能培训。

（五）推进教学及管理的信息化，保障现代学徒制实施

在现代学徒制项目的带动下，学校继续建设并完善了各专业数字化教学资源及共享平台，其中汽车运作与维修专业还申报了广东省教育厅中等职业教育教学信息化竞争性项目，进一步推进一体化实训室数字化课程学习系统建设，强化了数字化课程学习功能。除配备学生学习用电脑、教学服务器或教师电脑、智能会议通教学投影设备、视频音频录播系统以及接入校园网外，重点是校企合作开发了各专业的一体化实训室数字化课程学习系统和教学资源包。其功能主要涵盖教学资源管理、教学视频录播与存储、虚拟仿真、课堂交流讨论、教师答疑、作业提交、在线测试、学习评价、校企连线等，师生可根据课堂教学需要进行使用。

（六）开展市级重点课题研究，继续提炼学徒制本土化经验

IMI项目作为中山市首个落地的现代学徒制项目，虽然在开展过程中遇到了很多实际困难，但是也收获了非常宝贵的经验。为了使学徒制真正适应中山市经济社会现状和职业教育改革需求，我校需要进一步提炼本土化经验，现代学徒制研究课题"基于中英IMI项目的现代学徒制人才培养模式研究与实践"成功申报为2016年度中山市教育科研重点课题。

三、创新点

（一）构建了具有中山特色的"三级递进，工学交替"现代学徒制人才培养模式

该模式能体现将现代学校教育与传统学徒制相互融合、围绕企业用工和现代产业用人标准，以学生（学徒）技能培养为核心，以校企深度融合为基础，在吸收传统学徒制"做中学、学中做"的现场教学优势上，充分实现产教融合、工学对接。

（二）建立了中英合作的IMI实训中心

建立了中英合作的IMI实训中心，并建成了一体化数字化汽车专业课程资源实训系统，为现代学徒制实施提供了良好的软硬件基础。

学校与英国公司正式合作，开始建设中山市沙溪理工学校汽车现代学徒制IMI实训中心，并成为汽车维修专业定向IMI认证的综合性实训工作室，用于IMI认证/现代学徒制教学班教学。实训室所有硬件、软件及管理均严格按照IMI的国际标准执行。此外，学校还申请了广东省教育厅专项资金支持的"汽车维护与保养"一体化数字化课程资源建设，并顺利验收和结题。该工作室的培养目标为"以汽车维修定向教学"为主体，通过实训项目进行教学，以现代学徒制为教学模式，以IMI资格认证为中心，借助校企合作的企业资源，通过企业的生产性实训巩固和提高学生技能。

（三）实施国际化、精准化、本土化、高端化的教育

1. 三方联动国际化

项目建设中，校方、英方与企业紧密联动，参考德国、英国、新加坡等国际职业教育的经验，融入德国双元育人的理念、英国职教标准认证和新加坡"教学工厂"的经验，具有明显的国际化特色。

2. 人才培养精准化

针对岗位要求确定具体人才培养目标，根据当前实际情况制订培养方案，点对点培养企业所需人才，构建"教学做"三位一体的教育模式（教：

教做人、教知识、教技能；学：学理论、学实践、学技能；做：课堂做、实训工厂做、企业做），通过校企对接和双线工学、教学任务与工作任务对接、实操能力与岗位要求对接、招生与招工对接等方式进行精准育人，实现"招生即招工，入校即入企"，凸显人才培养的精准化。

3. 课程体系本土化

改革课程体系，根据企业岗位要求，制定培养目标，融入英国IMI课程大纲、授课计划、考核标准、实训设备配置标准、教学PPT等教学支持材料。三方教师根据学生实际情况与企业岗位要求，共同建设课程体系，用企业的生产实际引领教学，并开发了一体化实训室数字化课程学习系统和教学资源包，将信息化技术融入教学，融合三方教育理念的课程体系体现了地方特色和职业性，突出本土化的特点。

4. 中英证书高端化

三方联合培养的学生，考核合格后发放具有中英两国认可的双证书，即学生可以同时取得我国的职业资格证书（汽车修理工中级证书）和英国官方认可的资格证书（IMI轻型车辆二级证书）。此外，汽车运用与维修专业的学生获得的证书还有汽车维修上岗证书、钳工证书、机械CAD证书等。本专业毕业生不仅双证率达到100%，取得3个以上专业技能证书的学生比例也已经达到100%。

四、存在的问题及对策建议

（一）英方、学校、企业三方合作机制需要进一步建立和完善

①英方与学校的合作、学校与企业的合作以及如何配合中山市开展现代学徒制工作的协调等问题。②重点是相关方面合作机制的建设，这些机制的建设包括学校与英国诺丁汉中央学院的合作、学校与当地企业的合作。③校企联合招生、共同培养过程中责、权、利如何协调等问题。

（二）英方IMI课程体系、培训标准、考核方式与中方校企合作人才培养方案的对接仍需改善和精准

IMI课程体系是一个有英方自主知识产权的课程包，通过此项目的合作，如何将英方课程体系、培训标准与中方校企合作所要求的人才培养方案、课程和培训要求对接，这些都需要合作的三方做出深入而细致的研究。

（三）"三级递进，工学交替"现代学徒制人才培养模式需加强各部门协作和各环节衔接

按照"学生—学徒—准员工—员工"四位一体的人才培养总体思路，实行三段式育人机制。学生（员工）三年的培养安排、校企分工合作以及如何实施英方的IMI课程等问题需进行早期的规划和设计，以达到学校与企业、基地与车间、专业与产业、教师与师傅、学生与员工、培养培训与终身教育等六个对接，能够实现招生与招工互通，上课与上岗融合，毕业与就业衔接。

（四）中英IMI合作现代学徒制试点班教学管理及中英"双证书"需继续打通考核难关

试点采用单独组班、小班授课形式，每班不超过30人，校内大量实训+企业内多段式实岗实习，这种新颖的模式既充分调动了学生学习的主观能动性（清晰的学习目标和职业规划），又保证了学生在较短时间内掌握企业所需要的技能。但试点班学生要考取国际通用IMI二级检修师证、人社部汽车中高级证仍有较大的难度。

从天津"工学结合"职业教育模式
看中山市职教改革

　　有道是"有一个好校长就有一所好学校"，在中山市超常规发展职业教育的关键时期，大力加强职教校长队伍建设显得尤为重要。为此，市教育局人事科和高成职科经多方努力与联系，促成了天津大学中山中职学校校长高级研修班的举办，来自全市14个中职学校的校长和教育局职教科、教研室等相关教师在内共20位职教人，远赴天津参加此次为期15天的研修学习，这是中山职教系统规格最高的一次培训。此次研修采取理论讲授、专题研讨、总结交流与实践考察相结合的方式，力争全方位学习职业教育先进理论和天津职业教育发展的成功经验。

　　天津市是全国唯一的国家职业教育改革试验区，"工学结合"的"天津模式"已经成为领跑全国职教响当当的品牌。天津大学是教育部直属国家重点大学，拥有全国目前唯一的职业教育博士和双硕士学位授予点以及3个国家重点建设的职教师资培训基地，选派中职校长去天津大学研修和考察天津职业教育，既是落实中山市超常规发展职业教育的重要举措，也是实施中山市"三名"工程的重要内容。对广州市中职校长拓宽视野、更新观念、提升办学理念和推动广州市新一轮职教改革必将起到积极的作用。

　　研修期间，10多位高水平的专家学者结合我国当前社会经济发展的形势，从多角度、全方位分析了当前职业教育面临的机遇和挑战，提出了与全面建设小康社会相适应的职业教育改革和发展战略及对策。

同时，在研修期间，高研班全体学员还先后参观了一批在天津有代表性的高、中职院校，它们分别是：天津中德职业技术学院、天津市劳动保护学校、天津市经济贸易学校、天津现代职业技术学院、天津工程师范学院等。所到学院，鲜明的行业办学特色，先进的办学理念，规模化的发展，显著的办学效益，产学结合的工厂化实训基地、场室建设等都给学员们留下了深刻的印象。

通过学习、研讨和参观考察，学员们开阔了视野、提高了认识、达成了共识，观念在更新，思路在拓宽，在职教理论水平有所提高的基础上，国内外先进的职教办学理念和"工学结合"的"天津模式"所带来的启迪与思考则更是本次研修最大的收获。

一、天津"工学结合"职业教育模式的特色

与传统职业教育模式相比较，天津工学结合职教模式在管理体制、服务方向、能力标准、培养目标等方面，都有自己鲜明的特色，突出体现为"四个为主"。

（一）以行业办学为主举办职业教育

职业教育要发展，必须依托行业，产教结合，紧贴经济，融入社会。工学结合职教模式为行业参与办学提供了平台，行业与院校共同确立教育理念、办学定位、管理体制和发展规划；行业为院校提供人、财、物的支持和保障，院校为行业服务，努力实现行业提出的目标。

（二）以企业需要为主确定培养目标

工学结合职教模式以企业需要为出发点，根据用人单位提出的人才需求标准、数量和培养期限，开展教育教学活动。追求校企互利共赢，强调职业教育在经济社会中的服务功能。

（三）以实践能力为主调整课程体系

工学结合职教模式的实施，对原有的学科本位课程体系破旧立新。一个

根据职业标准而建立的、以能力为本位的、注重技能培养的模块化课程体系正在形成。同时，一批理论与实训相融合的一体化教材，作为教学改革思想的载体，也正在进入课程体系。

（四）以实训基地为主培养专业技能

校内外实训基地是职业教育的重要场所，工学结合职教模式的推行，既有力地促进了职业院校生产型实训基地建设，又有效地将企业文化、企业资源整合为教育力量，促进学校办学水平整体提升，进而带动学生专业技能的大幅提高。

二、天津职教经验对我们的启示

（一）正确定位中山市的职业教育

职业教育主要培养应用型人才，其目的是满足社会的需要。因此，我们必须明确职业教育的定位问题。《国务院关于大力发展职业教育的决定》中明确指出："大力发展职业教育，加快人力资源开发，是落实科教兴国战略和人才强国战略，推进我国走新型工业化道路、解决'三农'问题、促进就业再就业的重大举措；是全面提高国民素质，把我国巨大人口压力转化为人力资源优势，提升我国综合国力、构建和谐社会的重要途径；是贯彻党的教育方针，遵循教育规律，实现教育事业全面协调可持续发展的必然要求。""以服务社会主义现代化建设为宗旨，培养数以亿计的高素质劳动者和数以千万计的高技能专门人才。"这一对职业教育的定位为中山市职业教育的发展指明了方向。职业教育要坚持"以服务为宗旨，以就业为导向"的办学方针。通过职业的培养，学生掌握从事该专业应具备的技能，毕业后直接胜任相应的工作，满足经济建设和社会发展对大批掌握一定技能高素质劳动者的要求。我们应该看到，中山市职业院校培养出来的学生都是中山市各行业一线的劳动者，他们的技能与素质直接影响到"中山制造"和"中山创造"的产品竞争力，因此，职业教育的发展水平关系到中山市经济社会的可持续发展，关系到和谐社会的构建。

（二）更新观念，实行多元化办学体制，增加职业教育投入

公办职业学校要积极吸纳民间资本和境外资金，探索以公有制为主导、产权明晰、多种所有制并存的办学体制。推动公办职业学校与企业合作办学，形成前校后厂（场）、校企合一的办学实体。推动公办职业学校资源整合和重组，走规模化、集团化、连锁化办学的路子。要发挥公办职业学校在职业教育中的主力军作用。同时，要大力发展民办职业教育，扩大职业教育对外开放，借鉴国外有益经验，积极引进优质资源，推进职业教育领域中外合作办学。

（三）进一步加强职教师资的培养

天津市制定有双师型教师制度，教师会定期到企业参加生产实践，学校从企业引进专业人才到校任教。

现在，天津市多家职业院校聘请轻工、机械等行业领域的专家作为客座教授，为学生和教师讲课。同时，学校还选派优秀青年教师与实习学生一起到企业锻炼，提高自身的实践水平。天津市各高职院校引进硕士研究生充实职业院校教师队伍，并把他们送到企业在岗培训一年，市教委为每个研究生发放培训补助。

对照中山市职教师资培养的现状，虽然中山市也制定有双师型教师奖励政策，但这并不是严格的制度，因此我们可借鉴天津的经验。第一，应建立严格的双师型教师制度，要求专业教师在规定期限内必须成为双师型教师；第二，应建立更加完善的激励机制；第三，要让教师定期到企业参加生产实践，学校也可从企业引进专业人才到校任教。做到让教师"上得课堂，下得厂房"。

（四）进一步加强实训基地的建设

"十一五"期间，天津市将重点支持建设50个技术设备先进、专业种类齐全、适应技能型人才培养需要的实训基地。其中，达到国际先进水平、具有较强辐射功能的公共服务平台2个；达到国内领先水平，具有鲜明行业特色的学校实训基地30个；达到本专业领域一流水平，具有突出特点的专业实训基地18个。

中山市超常规发展职业教育的规划中明确提出：我市职业教育要走组团发展之路，组建职教集团，新建实训中心等。这些举措无疑对中山市职教尤其是实训基地的建设有较大推动作用。但对于非市属的国家重点、省级重点职业学校的实训基地建设并没有强有力的支持。对此，我们应借鉴天津的经验，加大投入，重点支持上规模、办学效益突出的职业学校建设校内外实训基地。

（五）开展校企"联姻"，实现就业零距离

"教室里种庄稼，黑板上跑机器"是职业教育的软肋，而在天津市许多职业院校的车间里，却是一排排数控机床和线切割机、一套套激光焊机、一台台型号不同的汽车……这大都是校企"联姻"后企业提供的"嫁妆"。

天津市职业教育推行校企联合"订单式"人才培养——企业缺乏什么样的技能人才，学校就根据企业要求设置课程，加大实训基地建设投入；企业则负责提供设备、师资培训，校企双方共同培养人才。学校与企业实现零距离接触，培养出适应能力强、企业急需的一线技能型人才；企业资深技术专家和人力资源部主管组成教学智囊团，指导学生学以致用。这样一来，学校提高了办学效益，学生不用发愁就业，企业减少了员工培训成本，可谓"三赢"。

中山职教的校企结合不可谓不早，而且形式多样，但形式多于内容，并未形成真正意义上的校企结合。原因是多方面的，在政府和行业、企业角色相对缺位的情况下，职业院校不能坐等企业上门，而应该走出去主动"联姻"，为企业的发展服务，为发展中的企业服务，如此，才能赢得企业的青睐，校企结合也才能做到"两情相悦"。

（六）推行"工学结合"，把课堂放在车间

"车间即教室，工人即学生，师傅即教师"，这种工学结合的人才培养方式，就是将实习由模拟演示性训练转变为在生产型现场"真刀真枪"的练兵，将学生学习的主课堂由教室挪到生产型实训车间或企业。

工学结合的"实战"教学让学生练就好技术。每年天津市教委在职校生中开展各种职业技能大赛,既是一次技能"大练兵",又能从中选拔出最优秀的技术能手,获得第一名的学生将免试获得升入普通本科高校进修的"入场券"。

天津的这种做法很值得中山全面推广,职业教育不同于普通教育,职业教育是以能力培养为主的教育,"学生学得好不好,企业说了算;学校办得好不好,就业说了算"。我们所培养的学生能否适应社会,能否生存和发展,能力和素质是关键。只有在实战教学环境中锻炼出来的能手,才是企业需要的人。要做到这一点,教学观念要更新,教学方法要改进,教学设施和设备要保证。

(七)建设一批高水平的示范性职业院校

"十一五"期间,天津市投资重点建设高水平示范性职业院校,使之达到国家同类院校先进水平。其中包括:重点建设国内一流水平的职业技术师范大学;遴选办学特色鲜明、校内实训基地达到国内先进水平的学校作为高水平高等职业院校,进行重点支持;建设示范性中等职业学校。

作为珠三角经济发达地区的中山市,完全有能力建设一批高水平的示范性职业院校,由此带动全市职业教育办学实力的提升,以适应经济社会的快速发展。

(八)借鉴国外职教先进经验,创新职教办学理念

天津积极借鉴职业教育发达国家的先进模式和经验,无论是德国的"双元制"还是澳大利亚的"TAFE"模式等,都能在天津的职业院校发展中找到,但不是照搬,更多的是消化后的吸收和探索。同时,天津还通过举办"职业教育国际论坛"吸引了来自美国、英国、丹麦、澳大利亚、韩国、德国、加拿大等国家的专家、学者和教师。在与之交流和对话中,天津的职业教育界开阔了眼界,丰富了学识,提高了职业教育水平。

中山市是中国改革开放的窗口,对外交往频繁,中山市还与职业教育发达的澳大利亚墨尔本市建立了合作关系,在对话、交流与合作的过程中,中

山市的职业教育应有所作为，应积极借鉴国外职教先进经验，在消化吸收的基础上，创新职教办学理念。

（九）开特色课程，出精品教材

天津市职业教育重视课程开发和教材建设，国家精品教材数量居全国前列。

中山市应根据产业发展和专业镇建设的需求来加大特色课程的开发与教材的建设，要把课程开发和教材建设作为职业教育提升办学水平的一项重要工程来抓。

同国外职业教育发达国家相比较，同国内以天津为代表的成功的职业教育相比较，我们不仅看到了中山市职业教育发展的差距，也看到中山市职业教育发展的优势所在，那就是：在市委、市政府的高度重视下，在中山市经济快速发展的带动下，中山市职业教育始终走在了全国职教发展的前列，始终保持了健康发展的良好态势。现在，中山市职业教育进入了一个超常规发展的新时期，机遇与挑战并存，机遇大于挑战，在此形势下如何把握机遇，乘势而上，全面推进中山市职业教育的改革和发展，相信天津在职业教育改革和发展中的成功经验能给我们以较大的启示。

第五章

以生为本，圆梦职教

谈中职学生的"三要"教育

中等职业学校的培养目标是：培养与我国社会主义现代化建设要求相适应，德、智、体、美全面发展，具有综合职业能力，在生产、服务、技术与管理第一线工作的高素质劳动者和初、中级技能型人才。中职学校教育如何才能达成这一目标，需要做很多工作，而加强对中职学生的三观教育、习惯养成教育和素养教育无疑是一个重要的抓手与一条有效的途径。

一、三观要正

三观一般指世界观、人生观和价值观。世界观是指人对世界的总的、根本的看法。人生观是指对人生的看法，也就是对于人类生存的目的、价值和意义的看法。而价值观则是指对体现在商品里的社会必要劳动的看法。

习近平总书记说："青年的价值取向决定了未来整个社会的价值取向，而青年又处在价值观形成和确立的时期，抓好这一时期的价值观养成十分重要，这就像穿衣服扣扣子一样，如果第一粒扣子扣错了，剩余的扣子都会扣错。因此，人生的扣子从一开始就要扣好。"

由此可见，树立正确的世界观、人生观和价值观是中职学校教育的重中之重，同时也是塑造良好的社会公德、职业道德、家庭美德和公民道德建设的必然要求。"三观不正"不仅贻害学生个体，也将给社会带来极大的负面影响。因此，很有必要在中职学校教育中通过主题教育、榜样示范、争先创优等活动来全面推行端正三观的教育。

二、习惯要好

叶圣陶先生说："什么是教育？简单一句话，就是要养成良好的习惯。"习惯的养成不是一朝一夕的事，好的习惯让人受益终身，相反，坏的习惯就会使人受害终生。在中职学校教育中，不仅要教会学生掌握一定的专业技能，同时采取行之有效的措施，加强学生的日常行为习惯养成教育，对于提高中职学生的综合素养显得尤为重要和紧迫。而中职学生日常行为养成教育的核心就是：讲礼貌，讲卫生，讲规矩。

讲礼貌，从主动打招呼做起，无论是见到老师、同学还是见到亲人朋友，也无论是见到熟悉的人还是陌生的人，都要学会主动打招呼，一句"老师好！""您好！"不仅能拉近相互的情感距离，还能使学生养成彬彬有礼、谦恭礼让的好习惯，更能树立学生端正的三观。

讲卫生，从不乱扔垃圾、不随地吐痰做起，无论是在校园的课室、实训室还是在宿舍，也无论是在家里还是在公众场合，都要求学生养成良好的卫生习惯，给自己、给别人、给公众一个整洁干净的学习和工作环境。

讲规矩，就是遵纪守法、严于律己，做合格的中职学生。常言道：人不以规矩则废，家不以规矩则殆，国不以规矩则乱。中职学生如果不懂规矩、不讲规矩、不守规矩，就要出问题，就会栽跟头。

三、素养要高

作为一名合格的中职学生，除了三观正、习惯好外，还应不断提高包括身体、人文和职业的素养，才能为拥有幸福而有意义的一生打下良好的基础。

身体素养要高。青年学生作为国家建设的接班人，其体质是否健康关系到国家未来的发展。而当前中职学生的体质健康状况却不容乐观，近视、肥胖、瘦弱、缺乏锻炼等现象普遍存在。要解决这一问题，中职学校教育首先就要牢固树立健康第一的指导思想。英国名校伊顿公学就提出"体育是最好的教育""运动第一，学习第二"，这些理念和做法都值得我们学习与借鉴。其次，要保证学生每天不少于一小时的锻炼时间，在伊顿公学，每一天中有半天都在运动，每周的体育课时几乎与文化课时平分秋色。最后，加强中职学校体育基础设施建设，保障学生活动的场地器材。

人文素养要高。当前，一些中职学校在教育观念上存在重专业轻基础、重实用轻人文的倾向，忽视对学生人文方面的教育，使得有些学生的人文素养较差，这将直接影响学生的成长和今后的人生发展。中职教育在强调专业知识和专业技能的同时，还要重视人文素养教育，这才有利于开阔学生的视野、启发学生的思维、培养学生健全的人格、提高学生的综合素养和能力。要通过人文社科类课程的学习和阅读、学校人文环境的熏陶等途径来有效提高中职学生的人文素养。

职业素养要高。职业素养是中职学生走向社会赖以生存与发展的基础，作为一名合格的中职学生的职业素养至少应包含：拥有一项过硬的技术技能，具备良好的职业道德和职业态度，具有学习新技术、新技能的能力。培养中职学生良好的职业素养需要全面推进校企合作、产教融合，要通过引企进校建工作室、生产实训车间的方式在校内营造职场环境，以现代学徒制的人才培养方式来提高中职学生的职业素养。

中职学校担负着培养高素质劳动者和初、中级技能型人才的重任，作为中职教育人，我们要在明确目标任务的基础上，不断提高思想认识，在教育教学实践中加强对中职学生的三观教育、习惯养成教育和素养教育，才能真正培养出"三观正、习惯好、素养高"适应社会需求的高素质劳动者和初、中级技能型人才。

我的职教梦

我是一名职教人，一名职业教育的逐梦人。

当年，我大专毕业，成为一名职校老师；后来，我硕士毕业，依然坚守在职教岗位。从普通教师到副校长，我和沙溪理工学校一起成长。

一、数十年坚守职教一线

1986年大专毕业后，我被分配到攀枝花钢铁公司下属的一所技工学校，执教6年后，我来到了沙溪理工学校。当时学校创建不到一年，只有2个教学班。

我带过一个家电班。这个班共40多人，都是让人头疼的学生，用"人教人怕"来形容也不为过。当时，学校为了鼓励教师来给他们上课，还额外给每个老师每月发放30元的补贴，而当时我们的工资不过400多元，即便如此，很多老师也不愿意前来教学。

抱着既来之则安之的心理，我和几个同事接下了这个"烫手的山芋"，和这个班的学生一起度过了3年。让人意外的是，最后这些学生中一半成了企业高管。

在20年后的同学聚会上，那个班上最调皮的一个学生拉着我的手说："老师，谢谢你们没有放弃我们，是你们成就了今天的我们。"这让我十分欣慰，学生的认可是对我们最大的肯定。无论在哪个岗位上，人都要追求自己的价值，而沙溪理工学校为我提供了一个逐梦的平台。

二、做好自己再教学生

在沙溪镇民间，曾流传着多个和沙溪理工学校有关的段子。其中，20世纪90年代初是"不用功，去理工"；到了90年代末，这一说法变为"要用功，才能去理工"；再到后来，就变成了"进理工，能成功"。每次说起这些，我都感到十分自豪，因为在这个过程中，能看到自己不断成长的影子。

最初我只是一名普通的物理教师，后来通过不断自学和自我提升，才有了今天。在转岗担任计算机教师时，我的专业知识几乎为零，只能利用课余时间自学，再教学生。

如此反复一段时间后，大家的能力都得到了提升。于是，我建议学生参加初级程序员资格考试。这在外人看来是一种近乎疯狂的举动。当时，只有个别中学的学生敢报名参加，而且通过率不高。然而在我的影响和带动下，学生们最终走进了考场。

在送完他们后，我也悄悄地进了考场，几个学生看到我时，非常惊讶地问："老师你怎么来了？"当时我笑着跟他说："我也来考试。"我的参与让学生们很受鼓舞，参加考试的34个学生中一共有16人合格，一所成立两年半的镇办中职学校有这个成绩很罕见。

在之后的日子中，我通过自学先后拿到了中级和高级程序员证、职业指导师证，还参加了本科、在职研究生学习，并拿到了硕士学位。

三、好教师要让学生出彩

作为一名职校教师，我秉承着"做中学、学中做"的理念，将理论知识与实践技能教学紧密结合。我想方设法，与老师们一起把企业引进校园，将教学融入企业产品的开发或生产中，建立了"学生作品转化为企业产品，最后成为市场商品"的通道，实现了工学全面对接，产教深度融合，达到了校企共育人才的目的。同时，我们还聘请20多位全国知名服装设计师、专家学者、企业高管等在校内成立名师工作室，引领专业的建设发展。现在，学校五大专业全部成为省级重点建设专业，并分别建成国家级实训基地或省级实训中心。

更可喜的是，由于全面开展了教学改革，在提高教育教学质量等方面成绩突出。2007—2015年，我指导并带队学校师生代表广东省参加全国职业院校技能大赛，在服装设计制作与模特表演竞赛中共荣获11个一等奖、12个二等奖、17个三等奖，实现"七连冠"，为广东省争得了荣誉。学生参加省、市各类技能竞赛也屡创佳绩。学生参加高职类高考成绩突出，上线率、各科平均分、总平均分等连续20年名列全市第一。学生参加广东省会计从业人员资格考证等10多个工种类别职业技能考证，取证率居全市乃至全省前列；在2008—2015年中山市中职学校教育教学质量评价中，学校连续七年荣获全市一等奖。

自1991年建校起，我们为社会输送了数万名优秀的技能人才，其中有全国劳动模范、服装品牌设计师、自主创业的企业家，也有农村基层管理干部，更有大批在企业生产一线的技术骨干和管理人员。我们的学生在为地方经济社会发展做出积极贡献的同时，也成就了他们出彩的人生。

四、职教人要勇于探索职教改革发展新路

作为一名教学副校长，如何把教学改革与产业链、价值链对接，推动产学研合作是我工作的重中之重。多年来，我带领教师团队打造了"一个基地，三个中心"的产学研合作平台，创建了由中央财政支持的服装专业实训基地，与有关科研机构、企业合作成立了服装检测中心、研发中心、电子商务中心。通过这些平台，学校与数十家科研院所和行业、企业开展了全面、深度、高端的产学研合作，为当地服装企业提供新产品设计开发、精益生产、服装检测、电子商务和人才培训等服务，全方位推进专业对接产业链，让专业与产业、企业深度融合。由于产学研合作成效突出，2012年，学校获得中山市科技进步"产学研合作奖"。2015年，学校服装研发中心被省人力资源和社会保障厅授予广东省博士后创新基地，将我校的产学研合作平台提

到了一个新的高度。

我积极协助校长带领学校管理团队和全校教职工，以当地产业经济为依托，开展校企和产学研合作，产教融合，推进人才培养模式的改革与创新，创立了"专业对接产业链，教育对接价值链"的"中职沙溪模式"，为职教改革发展积累了新的典型经验。

在全校师生的共同努力下，学校的品牌实力不断提升。近年来，有多个省、市的职业院校单位先后到我校参观交流，学校办学经验和成果受到中央新闻采访团、《南方日报》等30多家媒体报道，学校也多次在国家、省内外及兄弟学校开展交流、指导和做经验介绍，在全省、全国中职教育中正发挥着引领、辐射和示范作用。在2011年12月举行的广东职业教育与产业发展对接暨与粤港澳服装业对话论坛上，教育部副部长盛赞学校"已达到国家级示范水平"。学校还连续两届荣获"全国中等职业学校学生技能作品展洽会"特等奖和一等奖，连续两年包括新华社、《人民日报》在内的中央十大新闻媒体来校专访报道学校职业教育办学经验和成就，被评为全国"黄炎培职业教育奖优秀学校"，被广东省人民政府授予"广东省职业技术教育工作先进集体"称号，并于2013年成功创建为首批"国家中等职业教育改革发展示范学校"，被誉为"全省乃至全国广大地区职业教育改革发展的领头羊"。

五、做中教，做中研，积极探索现代职业教育规律

我积极参与教改教研，先后主持和参与了11项市级以上教科研立项课题的研究，主持研究的课题"创建国家级服装实训基地的行动研究"获得中山市第七届教育科研成果一等奖，撰写的16篇论文分别发表在《中国职业技术教育》《广东教育·职教》等全国或省级刊物上，主编或参编6本出版教材。我还先后被评为中山市优秀教师、中山市名教师、广东省首届职业院校教学名师、南粤优秀教师。

作为一名职教人，我庆幸自己能赶上职业教育大发展的好时代。广东省作为全国现代职教综合改革试点省，为我们提供了尽展才华的大舞台，把

自己的理想寄托在教育事业上，把个人的价值根植在学校的发展中，我们就会成为受学生和社会尊重的教师，就能实现自己的职业理想。教学生学会做人，学好技能，为学生幸福而有意义的一生打下良好基础，努力让每个学生都有人生出彩的机会，这就是我的职教梦。